Ed Connell

Hackamore Reinsman

Impressum

Fotos: Hardy Oelke und Pieper Ranch

1. Auflage 1995

ISBN 3-89118-087-X

Ed Connell

HACKAMORE REINSMAN

Mit Zeichnungen von Randy Steffen

Übersetzung und Fotos von Hardy Oelke

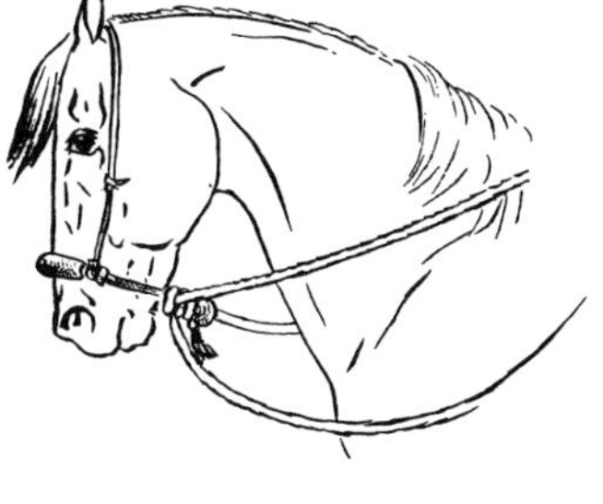

Kierdorf Verlag

VORWORT

Die Bridle Horses der alten Kalifornier, die hervorstachen, weil sie sich mit leichtesten Hilfen lenken und wenden ließen, wurden schon immer von Horsemen aus allen Teilen Amerikas bewundert. Manch ein alter Texaner blieb am Ende eines langen Rindertriebes vom heimatlichen Dornbuschgebiet in Texas bis ins sonnige Land am Pazifik staunend stehen und bewunderte still die Manövrierfähigkeit der kalifornischen Cow Horses. Und während er vermutlich die Spade Bits in den Mäulern dieser Caballos nicht guthieß, mußte er sich doch neidvoll eingestehen, daß die Pferde der dunkelhäutigen Vaqueros hinter einer Kuh her Haken schlagen konnten!

Kalifornien war ein Land des manana... Die Cowboys der Dons wendeten viel mehr Mühe und Zeit auf für die Ausbildung ihrer Bridle Horses, als der krummbeinige Ritter des texanischen Dornbuschlandes sich je träumen ließ, seinen spanischen Ponies zuteil werden zu lassen, die ihm halfen, die texanischen Rinderherden zu den Grashängen am Pazifik zu treiben. Aber er bewunderte die Resultate und wäre stolz gewesen, ein solches Pferd zu besitzen!

Die Einzelheiten der Ausbildung des kalifornischen Bridle Horses mit der spanischen Jaquima (Hackamore) waren viele Jahre ein Berufsgeheimnis der Vaqueros. Ihre Methoden wurden vom Vater dem Sohn weitergegeben und vom Freund zum engen Freund...immer als gesprochenes Wort. Nichts von den Feinheiten der Kunst wurde je schriftlich festgehalten, und deshalb gibt es heute wahrscheinlich weniger als zwanzig Männer in Kalifornien, welche die Kunst der alten Vaqueros wirklich verstehen und praktizieren!

In den letzten zwei oder drei Jahren wurden verschiedene Bücher über die Hackamore geschrieben, aber diese Werke haben sich darauf beschränkt, dem Handwerker Instruktionen zu geben, wie eine Hackamore aus den Rohmaterialien hergestellt wird, enthielten aber kaum etwas darüber, wie sie angewandt wird. Nach meiner Kenntnis ist dies das erste Werk, das den Schleier des Geheimnisses über die Methoden lüftet, die zur Ausbildung eines Hackamore-Pferdes erforderlich sind...von Beginn an, bis es nach den hohen Maßstäben der alten Californios bereit für die Kandare ist.

Geschrieben wurde es von einem Mann, dessen Name sehr wenig im Rampenlicht der Pferdewelt stand, denn er verbrachte sein Leben, in dem er tat, wovon andere ihr ganzes Leben nur reden. Dieses Buch ist eine authentische Anleitung, die den ernsthaften Pferdeausbilder in die Lage versetzt, seine Jungpferde mit den Methoden des HACKAMORE REINSMAN auszubilden, einer Sorte Mensch, die fast ausgestorben ist!

Der Schreiber dieser Zeilen hatte das Vergnügen und das Privileg, mit Ed Connell, dem Autor dieses Buches, lange genug zu arbeiten, um völlig überzeugt zu sein, daß er genau wußte, wovon er sprach, und daß er tat, was er predigte...und Resultate erzielte! Sie fragen, ob es nicht in Anbetracht der uralten Meinungsverschiedenheiten zwischen den beiden Schulen von Cowmen - der texanischen Schule und der kalifornischen -, manch einen befremden mag, daß ein Texaner die Methoden des Vaqueros befürwortet, den Snaffle und den Grazing Bit gegen Hackamore und Spade Bit eintauscht? Well, nein...jedem seine eigenen Vorlieben wenn es um Gebisse für das fertig ausgebildete Pferd geht. Die guten Ausbilder unter den kalifornischen Spade Bit-Leuten sind gut und können mit dem „großen alten Löffel“ Wunder vollbringen. Aber das ist das Schöne am Hackamore Training...wenn das Hackamore-Pferd fertig für die Bridle ist, kann es mit jeder Art Kandare geritten werden, denn es hat bereits in der Hackamore gelernt, sich zu tragen und zu arbeiten, und das Gebiß ist nur ein anderes Medium um genau das zu tun, was mit dem Rohhaut-Nasenband und dem Zügelknoten getan wurde.

Zweifellos gibt es andere Methoden, die ein ebenso gutreagierendes Pferd hervorbringen, wie das Hackamore Training...und manche vielleicht in kürzerer Zeit...aber wenn Sie lernen wollen, wie der California Reinsman arbeitete, nehmen Sie jedes Wort dieses Buches in sich auf! Die Kenntnis und das Geschick, das sie enthalten, brauchen Sie nur zu nehmen!

Nun noch ein Wort über den Autor, dann können Sie sich dem Teil widmen, von dem ich weiß, daß Sie begierig sind, sich darin zu vertiefen. Ed Connell ist aus dem Sunshine State (Kalifornien) und hat seit Beginn seines Lebens auf Pferden gesessen. Er ist alt genug, daß er für die großen kalifornischen Ranches gearbeitet hat, Pferde eingeritten und zu Bridle Horses ausgebildet hat für die riesigen Remudas von Unternehmen wie Miller & Lux und andere gleichen Kalibers. Er war so glücklich, daß alte Vaqueros ihn unter ihre Fittiche nahmen und ihr Wissen über die Hackamore und ihre Anwendung seinem begierigen Verstand weitergaben. Während meines ganzen Herumtreibens im Horse Country bin ich keinem ernsthafteren oder fähigeren Pferdemann begegnet. Anders als die verschlossenen Old-timers, von denen er lernte, hat Ed Connell ein brennendes Verlangen, seine raren Kenntnisse an künftige Generationen von Pferdeleuten weiterzugeben. Seine Entschlossenheit zu verhindern, daß die Kunst des Hackamore Trainings einmal ganz verlorengehen würde, ließ den Autor jahrelang an diesem Manuskript arbeiten. Selbst jetzt arbeitet er an einem über den Gebrauch der Kandarenzäumung, was sich an das in diesem Buch Behandelte anschließt.

Bevor ich Ihnen nun die Zügel Ihres Pferdes in die Hand gebe, lassen Sie mich eins betonen: Dies ist kein Buch zum unterhaltsamen Lesen. Es ist eine Bedienungsanleitung, nicht mehr. Um davon zu profitieren, müssen Sie jedes Wort und jede Abbildung studieren, nicht nur einmal, sondern vielmals. Für viele von Ihnen werden die Methoden, denen hier Nachdruck verliehen wird, nicht einfacher sein als Ihre erste Lektion in Geometrie oder Ihr erstes Latein-Semester. Aber es ist hier...gehen Sie ihm fleißig genug nach, und die Kenntnisse gehören Ihnen!

Mögen Sie immer ein gutes Pferd reiten!

Randy Steffen
Cisco, Texas, 1. Januar 1952

KLEINE BEGRIFFSERLÄUTERUNG

Amansadores: Trainer

Bridle Horse: In diesem Zusammenhang ein nach kalifornischer Art voll ausgebildetes, in der Kandare (meistens ein Spade Bit) gehendes Pferd

Caballo: Pferd

Cow Horse: Ein für die Rinderarbeit geeignetes und/oder ausgebildetes Pferd

Cowmen: Männer, die mit der Rinderarbeit zu tun haben

Don: Im spanisch beeinflußten (Süd-) Westen der Herr, der Ranch Manager, für den die Vaqueros arbeiteten

Grazing Bit: Kandare mit starren Seitenteilen und relativ kurzen Hebelarmen, Mundstück-Stange mit Zungenfreiheit

Hackamore: Bezeichnung für einen Trainingszaum. Obwohl es auch solche aus anderen Materialien gibt, geht es in diesem Zusammenhang um die kalifornische Hackamore, die aus einem aus Rohleder geflochtenen Nasenband besteht und aus einem aus Pferdehaaren geflochtenen Strick, der Zügelschlaufe und Führseil bildet

Horsemanship: Reitkunst, Pferde- bzw. Reitkunde, Umgang mit Pferden

Jaquima: Das spanische Wort für den aus Rohleder geflochtenen Zaum, aus dem das amerikanisierte „Hackamore“ entstand

Spade Bit: Kalifornische Kandare mit gerader Stange, spaten- oder löffelförmigem Metallteil, das auf der Zunge liegt und unter dem Gaumen einwirkt, seitlichen Verstrebungen, Rolle, die das Pferd mit der Zunge bewegen kann und etwas beweglichen Seitenteilen/Anzügen

Vaquero: Rinderhirte, Vorläufer des Cowboys

Reinsman: Ein Prädikat für einen nach kalifornischen Maßstäben ausgezeichneten Reiter

Remuda: Gruppe oder Herde von Arbeitspferden

Rough String Rider: Zureiter bzw. der Reiter einer Ranch, der die Pferde zu reiten bekommt oder zur Korrektur, mit denen die anderen Vaqueros oder Cowboys nicht fertig werden

Side Pass: Das Pferd geht im rechten Winkel zur Bewegungsrichtung gestellt auf zwei Hufschlägen

Snaffle: Wassertrense

INHALT

WIE DIE HACKAMORE GEKNÜPFT WIRD

1. Legen Sie wie dargestellt den Tassel (das Knotenende) des 24-30 Fuß langen Hair Ropes (Mecate) zwischen die beiden Backenstücke der Hackamore, mit dem Tassel nach vorn zeigend.

2. Stellen Sie sich zum Pferd gewandt, und beginnen Sie Ihre Wicklungen im Gegenuhrzeigersinn, die erste Wicklung über den Tassel-Knoten legend.

3. Wickeln Sie weiter, bis nur noch eine weitere Wicklung erforderlich ist, um die Backenstücke der Hackamore so eng zu machen, wie es den Instruktionen im Buch entspricht.

4. und 5. Halten Sie mit der rechten Hand die Wicklungen fest, und formen Sie mit der linken eine Schlaufe aus dem freien Ende der Mecate, ziehen diese zwischen den Backenstükken und über den Wicklungen durch und nach hinten zum Pferd. Diese Schlaufe gibt die Zügel ab, justieren Sie deshalb die Länge der Zügel, indem Sie die Schlaufe über den Kopf des Pferdes legen, so daß es bis etwa 15 cm hinter den Widerrist reicht und dabei leicht durchhängt.

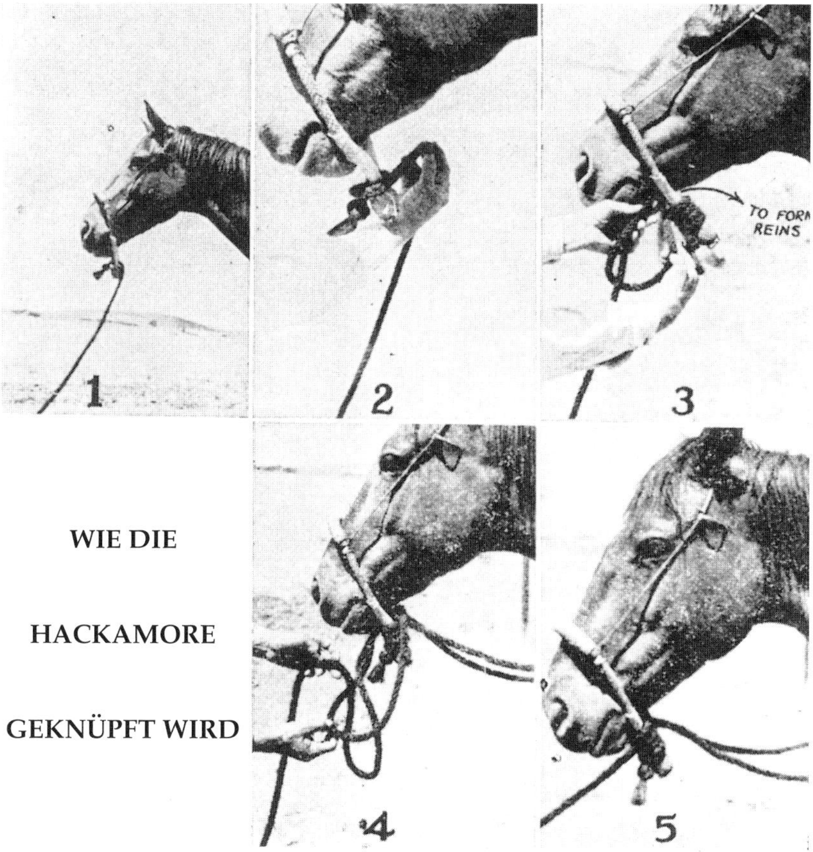

WIE DIE HACKAMORE GEKNÜPFT WIRD

1

HACKAMORE REINSMAN

Die feinen Einzelheiten des Hackamore-Gebrauchs wurden von den frühen Kaliforniern spanischer Herkunft, deren ganzer Stolz ihre Pferde waren, von Generation zu Generation weitergegeben. Sie führten die Kunst des Zureitens auf dem amerikanischen Kontinent weiter. Sie ist dabei, rasch auszusterben, abgesehen von einigen wenigen Stellen, wo noch die alten Traditionen und das alte Ausbildungssystem beibehalten werden.

Heute leben die Alten, die das Geschäft noch von den frühen Kaliforniern gelernt hatten, nicht mehr, oder sie sind zu schwächlich, um noch zu reiten, und junge Leute, die nachrücken und mit Pferden arbeiten haben nicht mehr die Möglichkeit, aus erster Hand von den Leuten zu lernen, die das Wissen haben.

Wenn Pferde heute noch so gebraucht würden, wie das noch vor ein paar Jahren der Fall war, gäbe es viele gute Pferde und viele gute Horsemen, aber die wirklich guten Horsemen sind nun sehr selten geworden.

Aufgrund des Einflusses aus anderen Bundesstaaten haben sich die Trainingsmethoden in den letzten Jahren überall im Land verändert. Wo noch vor wenigen Jahren in verschiedenen Staaten und Gebieten Hackamore und Snaffle Bit benutzt wurden, hat man sie durch den Grazer Bit und neue Dinge ersetzt und umgekehrt.

Wenn man all die Schnellmethoden und neuen Hilfsmittel von heute berücksichtigt und das Neue mit dem Alten vergleicht, muß man sagen, daß die besten All-around-Pferde für Reining und Rinderarbeit immer noch mit den Old-time-Methoden ausgebildet werden. Obwohl sie seitens des Reiters und des Ranch Managements mehr Zeit und Geduld erfordert - die Resultate sind es wert.

Das Geheimnis, wie diese Art eines fertigen Ranchpferdes ausgebildet wird, liegt in der Technik, mit der die Zügel gehandhabt werden.

Das Kriterium für diese Ausbildung ist das perfekte Ranchpferd. Diese Anleitung wurde in erster Linie als Hilfe für jene geschrieben, die täglich mit Pferden arbeiten und versuchen, die Details der Hackamore- und Snaffle Bit-Arbeit durch tatsächliche Erfahrungen zu erlernen und keine Gelegenheit hatten, aus erster Hand zu lernen.

Sie ist in aufeinander aufbauenden Schritten geschrieben und in minutiösen Einzelheiten; konsequenterweise gibt es viele Wiederholungen unter jeder Überschrift, um dem Leser eindrücklich klar zu machen, wie wertvoll es ist, eine systematische Handhabung der Zügel beizubehalten. Das Pferd lernt, korrekt zu arbeiten, indem die Zügel immer wieder und immer wieder nach demselben System bedient werden. Auch der unerfahrene Horseman lernt durch Wiederholung.

Es gibt gewisse Grundprinzipien beim Zureiten von guten Pferden, die befolgt werden müssen. Nachdem man sie kennt, bedarf es einiger tatsächlicher Erfahrung, um zu lernen, sie anzuwenden. Das wichtigste und am besten bekannte Grundprinzip ist das Doubling*), aber andere sind ebenfalls wichtig, weil alle in ihrer Wirkung voneinander abhängen. Zwischen dem Wissen um die Grundprinzipien und ihrer Anwendung ist ein großer Unterschied.

Manche Pferde haben von Natur aus einen sensiblen Kopf, und andere einen unsensiblen, aber sie müssen alle in der Hackamore leicht reagieren, wenn man sie für die Arbeit gebrauchen können soll. Und sie müssen erzogen werden, in einer bestimmten Manier zu stoppen und zu wenden und dabei leicht zu bleiben, sonst ist die Sensibilität des Kopfes wertlos. Ein Pferd mit einer Hackamore oder einem Snaffle Bit zu reiten, macht aus ihm noch kein Hackamore- oder Snaffle Bit-Pferd. Ob es ein Hackamore- oder Snaffle Bit-Pferd ist, zeigt sich in seinen Fähigkeiten zu arbeiten, wenn es fertig für die Bridle ist.

In jeder Gruppe von Pferden gibt es wenigstens eins oder mehrere, die sich besser anstellen als die anderen. Diese Pferde nennen wir Naturals (Naturtalente).

Manche Pferde arbeiten nur aufgrund der Zügelhilfen und schauen nie nach der Kuh, andere reagieren auf die Zügel, schauen aber zugleich auch nach der Kuh. Dann gibt es auch solche, die nur an Rindern ausgebildet wurden, aber überhaupt nichts können, wenn sie nicht eine Kuh vor sich haben. Diese sind als Self Workers (auf sich allein gestellt Arbeitende) bekannt.

Ein Pferd kann ein Reined Horse sein und zugleich auch ein feines Cow Horse, wenn es die rechte Ausbildung genossen hat. Manche werden immer besser sein als andere. Dem Hakkamore Horse muß man die rechte Art von Arbeit geben, wann es sie braucht, und es sollte regelmäßig geritten werden. Man kann es nicht einmal in der Woche reiten und erwarten, Fortschritte zu machen. Das Pferd muß seinen Fortschritten

**) Doubling (Pulling) = Ein Herumwerfen des Pferdes gegen einen Zaun oder eine Wand, hervorgerufen durch einen starken, kurzen Zug an kurzgefaßtem Zügel mit sofortigem Wiederloslassen*

entsprechend das rechte Training bekommen, darf aber nie sauer gemacht oder überarbeitet werden.

Das Hackamore-Pferd sollte nie arbeiten müssen, wenn es müde oder erschöpft ist, sonst wird es unsensibel und sauer in der Hackamore. Gearbeitet zu werden bedeutet Stoppen und Wenden. Ein Hackamore-Mann muß eine leichte Hand haben, sonst kommt er nicht weit mit der Hackamore. Ein Reiter, der keine leichte (feinfühlige) Hand hat, kann sie sich aneignen, wenn er die Einzelheiten der Zügelarbeit durch und durch kennt.

Diese Anleitung entspricht der alten kalifornischen Ausbildungsmethode für Rinderpferde. Reiter müssen immer gegenüber gewissen Methoden aufgeschlossen bleiben, um nicht Opfer von Vorurteilen zu werden. Blinde Vorurteile machen das Nachdenken und das Beobachten unmöglich und verschließen den Verstand.

ANFORDERUNGEN AN GUTE HACKAMORE UND SNAFFLE BIT HORSES

1. Sie müssen eine gute Kopfposition bei der Arbeit haben. Die Nase muß unten und eingezogen sein, nicht oben in der Luft.

2. Sie müssen sich beim Stoppen weich auf die Hinterbeine setzen oder darauf rutschen und dürfen dabei nicht ruckartig Gewicht auf die Vorderbeine nehmen (bouncen). Sie müssen gerade stoppen und sich nicht seitwärts verziehen dabei.

3. Sie müssen auf der Hinterhand wenden oder drehen, mit den Vorderbeinen in der Luft, und müssen von den Ohren bis zum Schweif gerade sein.

a. Beim Set and Turn (Roll Back; Stop mit anschließender Wendung auf der Hinterhand) müssen sie nach dem Stop in einer Bewegung auf der Hinterhand wenden und in die Richtung springen, aus der sie kamen.

b. Wenn sie sich komplett drehen bzw. Spins vollziehen, müssen die Vorderbeine nach jeder halben Drehung den Boden berühren.

POSITION DER FÜSSE

Wenn ein Pferd in guter Position arbeitet bedeutet das, daß es weiß, wie es seine Füße unter sich setzen muß, so daß es richtig und leicht stoppen und wenden kann. Wenn es mit den Vorderbeinen in der Luft wendet, und wenn es beim Stop gleitet, müssen seine Hinterbeine in einer bestimmten Position unter ihm sein, damit es sich herumschnellen kann und in die Richtung, aus der es kam, sonst verliert es die Balance und kann es nicht korrekt ausführen.

Es gibt nichts, das man einem Pferd auf den Kopf tun könnte, was es zwingen würde, richtig zu stoppen, zu gleiten oder zu drehen, ohne daß es gelernt hat, seine Füße richtig zu setzen. Wenn unter Zwang, wird es nicht lange brauchen, bis es auf allen Vieren stoppt, mit dem Kopf in der Luft, und wie eine Flasche dreht (auf der Vorhand).

Es kann weder durch schiere Kraft, noch durch irgendeinen Mechanismus auf seinem Kopf gezwungen werden und dabei behende arbeiten. Seine Füße müssen in Position sein, wenn es richtig arbeiten soll, und seine Füße werden positioniert durch die Art und Weise, in der die Zügel bedient werden.

Es gibt darum bestimmte Grundprinzipien, nach denen über seinen Kopf eingewirkt wird.

GRUNDPRINZIPIEN

1. Doubling oder Pulling.

Alles, was wir mit dem Pferd tun, geht direkt oder indirekt auf den Einen Pull zurück. Ein Pull an den Zügeln, und das Pferd rutscht auf der Hinterhand; ein Touch seitlich, und das Pferd wirft sich herum und zurück, woher es kam.

a. Ein Pull und Slack zu Beginn führt am Ende zu einem Sliding Stop*) aufgrund eines Pulls.

b. Die leichten Pulls und Slacks beim Drehen am Anfang verringern sich am Ende zu einem Touch, auf den das Pferd hin dreht oder wendet.

2. Feinfühligkeit des Kopfes bzw. gegenüber der Hackamore oder dem Bit.

Das Pferd muß feinfühlig sein, wenn man ein Maximum an Action bei der Arbeit erreichen möchte. Es wird feinfühliger durch die Art der Zügelbedienung.

b. Slack (Nachgeben oder Durchhängen der Zügel) zwischen den Pulls, sowohl bei leichten Pulls, wie auch beim Doubling. Slack bedeutet für das Pferd immer, daß eine neue Bewegung verlangt werden wird. Es läßt es den Signalen gegenüber rea-

**) Sliding Stop = Gleitender Stop auf der Hinterhand*

gieren und hilft, es leicht (sensibel) in der Hackamore, dem Snaffle Bit oder der Bridle zu halten.

c. Das Arbeiten des Signal-Zügels durch Pull und Slack ermöglicht dem Reiter, „schwerköpfige" Pferde leichter zu machen und leicht zu erhalten, und feinfühlige Pferde leicht zu halten.

d. Alle Pferde müssen gestoppt werden, wenn ihre Vorderbeine nicht am Boden sind.

e. Timing und Picking. Nach jedem Manöver soll das Pferd „gepickt" werden, ein Signal bekommen, daß es abgeschlossen ist. Es ist praktisch dasselbe wie unter b., nur daß die Zügel durchhängen; aber das Pferd bekommt ein (Zügel-)Signal, daß die Bewegung abgeschlossen ist, und dann folgt ein neues Signal für das nächste Manöver.

Das Timing der Bewegungen versetzt den Reiter in die Lage, das Pferd in ein neues Manöver zu schicken, wenn es physisch in der Lage ist, es geschmeidig auszuführen.

3. In der Balance reiten.

In der Balance zu reiten befähigt den Reiter, die Bewegungen seines Pferdes so zu timen, daß er mit ihnen übereinstimmt und sie nicht behindert.

Für das fertig ausgebildete Pferd ist es wichtig, wie es seine Füße positioniert. Das fertige Pferd soll weichmäulig sein und mit geschlossenem Maul arbeiten. Es kann sliden, wenden und drehen, und es fällt ihm leicht, denn es weiß, wie es das tun muß. Es hält seine Nase unten, wo sie hingehört, und es ist leicht im Maul. Als es in der Hackamore oder dem Snaffle

Bit ging, wurde es zur rechten Zeit auf Vordermann gebracht. Es wurde gedoubelt, wenn es dies brauchte, es lernte, weich zu stoppen und zu wenden. Die richtige Fußposition in allen Arbeitssituationen wurde ihm zur zweiten Natur. In anderen Worten, wenn es in der Bridle geht, weiß es, wie es arbeiten muß, und wenn es ein Hackamore-Pferd ist, hat es noch immer ein unangetastetes Maul.

Es bedarf keiner harten Zügeleinwirkung mehr, darum braucht es dann nur noch so an den Bit gewöhnt zu werden, daß es das Maul geschlossen hält.

Wenn es auf den Bit umgestellt wird und nicht weiß, wie es sich positionieren muß, oder wenn es nicht zu arbeiten versteht, verliert es die Balance. Die Konsequenz sind dann stärkere Zügeleinwirkungen, die wiederum dazu führen, daß das Pferd mit offenem Maul arbeitet und hartmäulig wird.

Jede Bewegung, die das Pferd macht, muß abgeschlossen sein, bevor es eine andere ausführen kann, und man muß ihm Zeit geben, jede Bewegung zu vollenden.

Das Slacking zwischen den Pulls soll nicht so stark sein, daß es als ein Ruck auf der Pferdenase oder im Maul empfunden wird, sondern gerade für das Pferd fühlbar sein. Dann verliert es nicht die Sensibilität gegenüber der Hackamore, dem Snaffle Bit oder dem Bit.

Viele feine Pferde, die fertig für die Bridle sind, werden durch harthändige Reiter ruiniert, die eine Pferdenase nicht erfühlen können bei der Arbeit. Sie stoppen sie nicht, wenn die Vorderbeine sich vom Boden gelöst haben. Sie geben zwischen den Pulls oder Bewegungen keinen Slack. Sie hängen nach Wendungen in den Zügeln. Das Pferd verliert die feine Sensibilität gegenüber den Zügeln und weiß nicht, was der Reiter von ihm will. Gute Bridle Horses werden auf dieselbe

Weise ruiniert. Sie reißen irgendwann ihre Mäuler auf und sind schließlich nur noch mittelmäßige Pferde.

Es wird vorausgesetzt, daß ein Pferd korrekterweise gestoppt werden muß, wenn seine Vorderfüße vom Boden weg sind, und daß man ihm Zeit geben muß, seine Bewegungen zu vollenden.

1. Stoppen mit den Vorderbeinen in der Luft.

Zum Beispiel der Slide and Turn (Sliding Stop mit anschließender Wendung; Roll Back): Wenn der Reiter den Pull zur Einleitung des Stops gäbe, wenn das Pferd mit den Vorderbeinen auffußt, müßte es einen zusätzlichen Sprung machen, um seine Hinterbeine unter sich zu schießen, und es würde sich gegen den Zügel lehnen. Wenn es hingesetzt wird, wenn seine Vorderfüße nicht den Boden berühren, kann es in derselben Bewegung seine Hinterbeine unter sich schießen.

2. Abschließen der Bewegung.

Ist das Pferd am Ende des Stops oder Slides angelangt, verteilt sich sein Gewicht wieder gleichmäßig. Während des Stops war es mehr oder weniger ausbalanciert, ob es nun, abhängig vom Boden, ein langes oder ein kürzeres Stück gerutscht war.

Direkt bis vor dem Abschluß des Rutschens sollte der Zügel locker sein, obwohl dies bei einem Bridle Horse für den Außenstehenden nicht zu sehen wäre; aber das Pferd kann es fühlen. Just bevor das Gewicht sich wieder auf die Vorderbeine verlagert, wird der Zügel leicht angenommen, und wenn die Vorderbeine am Ende des Slides den Boden berühren, kommt das Picking: Der Zügel wird leicht angenommen, und es bekommt das Signal zum Wenden. Dann kann es seine Vorderbeine gebrauchen, um sich herum und in die Richtung, aus der es kam, zu schleudern. Um seine Wendung korrekt auszuführen, muß das Pferd seine Vorderbeine richtig einsetzen, und wenn es das Zügelsignal zum Wenden bekäme, bevor es seinen Slide abgeschlossen hat, würde es seine Balance verlieren.

Das zeigt, daß es nötig ist, dem Pferd Zeit zu geben, eine Bewegung zu vollenden, nicht nur beim Einreiten, sondern um gute Pferde gut zu erhalten. Dasselbe Prinzip gilt für Pferde, die nicht sehr weit rutschen, sondern hart und kurz stoppen und wenden, nur daß der Reiter die Zügel schneller bedienen muß.

Diese Grundprinzipien werden von jedem guten Reinsman angewandt, ob er nun Hackamore, Snaffle Bit oder Bridle gebraucht, und die meisten werden auch von guten Grazer Bit-Leuten*) angewandt.

*) *Grazer Bit = starre Kandare mit geringer Zungenfreiheit und eher kurzen Anzügen; typisch für Western-Pferdeleute östlich der Rocky Mountains*

2

DAS EINREITEN VON JUNGPFERDEN

Es ist sehr wichtig, daß die Jungpferde gleich richtig und nach dem richtigen System eingeritten werden, denn so werden sie graduell immer weiter verbessert, bis sie alles gelernt haben, was sie können müssen. Von da aus gehen sie dann in die Double Reins*) und danach „straight up in the bridle“ (blanke Kandare). Ein schlechter Start bedeutet den Verlust wertvoller Zeit.

Eine Gruppe junger Pferde sollte immer eingeritten werden, wenn sie gut im Fleisch bzw. fett sind. Wenn sie sich dreingeschickt haben, hat man keine Probleme mehr mit ihnen, obschon es am Anfang eines Cowboys (unerschrockenen, guten Reiters) bedürfen mag, mit ihnen fertig zu werden. Wenn sie in magerer, schwacher Kondition gestartet werden, machen sie keine Mühe, bis sie dann in besseren Futterzustand kommen; dann bedarf es immer eines Cowboys, sie zu reiten und mit ihnen umzugehen.

\) Double Reins = doppelte Zügel; einmal die Hackamore-Zügel und außerdem die Kandarenzügel

Manche Outfits (Ranches) starten ihre Pferde als Zwei- und Dreijährige oder fast Dreijährige. Das trifft vor allem auf Kalifornien zu, wo nur kurze Ritte nötig sind. Die kurzen, leichten Ritte werden mit den jungen Pferden erledigt, und sie werden viel geschult. Wenn sie gut gehen, werden sie bis zum nächsten Jahr wieder auf die Weide entlassen.

Auf den Ranches, auf denen weite Strecken zurückgelegt werden müssen, sollten die Pferde erst mit drei bis fünf Jahren eingeritten werden. Das Einreiten von Zwei- und Dreijährigen

Abb. 1

unterscheidet sich sehr vom Einreiten älterer Pferde. Bei Zwei- und Dreijährigen geht es leichter, und sie werden schneller zahm, und das ist das beste Alter zum Einreiten, wenn ihnen nie geschadet wird und sie nie überarbeitet werden.

Das System beim Einreiten war auf den meisten Ranches früher, daß die Pferde zuerst ausgesackt wurden, während ein Hinterbein hochgebunden war, und sie an Hobbles gewöhnt wurden. Danach wurden sie gesattelt, und man stieg auf. Wenn sie bockten, war das in Ordnung, aber es oblag dem Reiter, ihnen das Buckeln mit dem Quirt (kurze Reitpeitsche) auszutreiben, wenn er konnte.

Der Old Timer früher schlug grundsätzlich allen Pferden, die buckelten, mit dem Quirt auf das Ende der Nase. Das wurde aus dem einen Grund getan, damit sie sich vor dem Bocken fürchteten. Wenn sie zu bocken aufhörten und den Kopf hoch nahmen, hörte das Whipping (Peitschen) auf. Nur beim Bocken bekamen die Jungpferde die Peitsche zu spüren.

Der wirklich gute Old Time-Zureiter gab dem Jungpferd nie die Sporen, wenn es buckelte, denn er glaubte daran, daß Spornieren es nur zum Kämpfen anstachelte; aber er tat gründliche Arbeit mit dem Quirt. Er konnte in einem Slick Fork-Sattel (Sattel ohne Swells = Wülste, die den Beinen Halt geben) sitzen und einem Pferd bei jedem Bocksprung eins mit dem Quirt auf die Nase geben. Es bedeutete eine Schmach für ihn, die Nase zu verfehlen und es sonstwo am Kopf zu treffen. Die einzige Sorte Pferd, die er spornierte, war ein chronischer Bocker, welchen er zugleich peitschte und spornierte; aber er spornierte ihn, um es für ihn schwerer zu machen. In jenen Tagen hatte man ein bockendes Pferd nicht cowboymäßig bezwungen, wenn man ihm nicht auf diese Weise den Quirt gegeben hatte.

Das war eine harte Methode, für die Reiter wie für die Pferde. Denn wenn ein Pferd es ein paarmal geschafft hatte, zu bocken ohne die Peitsche bekommen zu haben, bockte es meistens für den Rest seines Lebens, egal wie viel es anschließend die Peitsche bekam. Viele konnten nach einer Weile so gut bocken, daß es nicht viele Reiter gab, die sie peitschen und zugleich draufbleiben konnten. Dennoch, der Old Timer wußte, was er tat, und er duldete keine Quälerei, weder bei Rindern, noch bei Pferden.

Damals waren die Pferde nicht so gut gezogen wie heute. Sie waren Mustangs oder Mustang-Kreuzungen aus Mustang-Stuten und Rassehengsten. Die Pferde von heute neigen nicht so zum Bocken wie damals, so daß das Whipping als Grundregel nicht mehr erforderlich ist. Nur in Ausnahmefällen würde es von Vorteil sein. Das gutgezogene Pferd von heute steht zu hoch im Blut und Temperament, um grob behandelt zu werden.

Es ist besser, sich mehr Zeit zu nehmen und die Pferde vom Boden aus für vier oder fünf Tage oder eine Woche zu arbeiten, bevor sie geritten werden, denn dabei können sie ihre Furcht ein wenig verlieren. Wenn sie sofort geritten würden, besteht die Wahrscheinlichkeit, daß sie aus Furcht bocken. Nachdem sie ein paar Tage vom Boden aus gearbeitet wurden, bockt wahrscheinlich keins mehr beim Reiten. Das gilt besonders für Zweijährige und Dreijährige. Bei einem älteren Pferd besteht größere Aussicht, daß es bockt.

Es gibt immer mal Pferde, mit denen man machen kann, was man will - wenn sie den Drang zum Bocken haben, bokken sie unter dem Reiter. Anstatt zu versuchen, ein solches davon abzuhalten, sollte man es besser am Anfang bocken lassen und ihm jedesmal den Quirt auf die Nase geben, wenn es nunmal darauf besteht. Nachdem es das ein paarmal erlebt hat, wird es nicht mehr so begierig darauf sein. Der Reiter muß in einer Position sein, daß er es ihm jedesmal geben kann, wenn es damit anfängt. Wenn er es einmal auf die Nase schlägt und es ein anderes Mal wieder durchgehen läßt, ist es besser, wenn er das Whipping ganz läßt. Wenn das Pferd zu Beginn absolut bocken will und der Reiter es läßt, hat er die Möglichkeit, das Pferd zu beurteilen und zu erkennen, was er zu erwarten hat. Wenn das Pferd beim Bocken richtig in Schwung gekommen ist, kann es wesentlich besser Bocken, und der Reiter ist dann nicht mehr in der Lage, es ihm mit dem Quirt auszutreiben.

Ein Reiter, der eine Gruppe Jungpferde einreiten und sie alle selbst fertig ausbilden will, sollte nicht mehr als fünf auf einmal annehmen. Denn bei fünf hat er alle Hände voll zu tun, wenn sie wach geworden sind und schon etwas arbeiten können, besonders dann, wenn er sie mit der Hackamore ausbildet. Wenn sie sich zu gut fühlen, versuchen sie, den Reiter auszutricksen, aber sie sollten immer gut im Fleisch sein und sich gut fühlen.

Reite jedes Pferd häufig, und halte es in gutem Futterzustand, denn dann macht es Fortschritte bei der Arbeit. In anderen Worten: Bringe es auf den rechten Weg und halte es darauf.

Bei grünen Pferden ist am Anfang einiges Pullen/Doubeln erforderlich, aber wenn es richtig gemacht wird, braucht man selbst am Anfang nicht allzu viel pullen. Manche müssen mehr gepullt werden als andere. Nachdem sie gestartet wurden, ist nicht mehr viel Pullen nötig, nur wenn sie es brauchen. Die Hauptsache ist, dahin zu kommen, daß man sie pullen bzw. doubeln kann, wenn es nötig ist. Pulling oder Doubling schadet einem Pferd physisch in keiner Weise.

Jungpferde können nicht viel lernen, wenn sie nur geradeaus geritten werden. Um sie dahin zu bringen, wo man sie haben will und dort zu halten, muß man andere Dinge mit ihnen tun.

Beim Einreiten von gutgezogenen Pferden ist zu beachten, daß sie umso leichter einzureiten sind, je mehr Zeit man sich für die Arbeit vom Boden aus nimmt. Sie kommen praktisch von selbst dahin, zu tun, was der Reiter von ihnen will. Es gibt Zeiten, wo ein Reiter mal etwas härter durchgreifen muß, um ein Pferd wieder spuren zu lassen. Es bedarf bei einem solchen Pferd nur eines oder zweier Klapse mit dem Quirt, und es gibt sich Mühe. Es kommt darauf an, es das, was der Reiter von ihm will, nach bestem Vermögen tun zu lassen und nicht mehr. Mit dieser Art Pferd kann ein Reiter nicht kämpfen und siegen, denn es gibt niemals auf.

Gutgezogene Pferde neigen am Anfang dazu, mit dem Schweif zu schlagen. Nachdem sie zu arbeiten gelernt haben, hören sie damit auf. Manche schlagen zwei oder drei Monate lang mit dem Schweif, nachdem sie gestartet wurden. Das ist ein weiterer Grund, weshalb sie bedächtig eingeritten werden sollen. Wenn ein Reiter dazu neigt, seine Pferde von Anfang an zu fordern, setzt sich das Schweifschlagen in ihren Köpfen fest. Ihre Schweife sollten nicht verzogen werden, bis sie ein oder zwei Wochen geritten wurden. Binde sie hoch, wenn sie zu lang sind. Gutgezogene Pferde neigen oft zu Gurtzwang. Der größte Teil von ihnen ist so. Sie überschlagen sich rückwärts, wenn sie zu stramm gegurtet wurden beim ersten Satteln. Wärme sie auf, indem du lange genug im voraus sattelst und den Gurt angezogen hältst, bis es Zeit ist zum Losreiten. Dann gurte stramm genug an, daß der Sattel nicht abgebockt werden kann. Es gibt keine Notwendigkeit, ein Pferd mit dem Gurt zweizuteilen.

Zuviel Doubling macht aus einem Pferd schnell einen Schweifdreher. Nachdem sie gestartet wurden, sollten sie nie gepullt werden, es sei denn, sie haben es nötig. Manchmal brauchen sie es allerdings, ob sie nun mit dem Schweif schlagen oder nicht. Sie sollten ohne Sporen eingeritten werden, bis sie gut gehen.

In manchen Gegenden, speziell in Kalifornien, werden sie nachts im Stall angebunden. Das macht sie schnell zahm. Sie sollen mit einem Strick um den Hals angebunden werden, anstatt mit einem Halfter, denn Hackamore-Pferde sollten nie etwas anderes an ihrer Nase ziehen fühlen als eine Hackamore. Ein Halfter würde sie abstumpfen lassen.

Der Strick soll locker genug geknüpft werden, so daß die Schlinge über seinen Kopf gezogen werden kann. Wenn sie zu eng ist, mag der Knoten über seine Ohren gehen, und wenn es zurückzieht, kann es sich zu Tode strangulieren. Ein unangebundenes Pferd im Stall ist besser als ein totes.

Zu Beginn ist ein Riemen, der um den Hals geschnallt wird, am besten. Laß den Riemen durch einen mittelgroßen Ring

Abb. 2

laufen, und knote den Strick an den Ring. Wenn der Ring über seine Ohren gerät und es zurückzieht, wird er den Riemen hinunter gleiten, oder der Riemen wird reißen.

Das erste, was man mit einer Gruppe junger Pferde macht, nachdem sie eingefangen wurde, ist das Hochbinden eines Hinterbeines und das sanfte, aber gründliche Aussacken (s. Abb. 2). Aussacken bedeutet, einen leeren Sack oder eine Dekke zu nehmen und diese sanft und leicht auf oder gegen das Pferd zu werfen, dabei darauf achtend, ihm nicht weh zu tun. Das nimmt ihnen teilweise ihre Furcht. Der Hinterfuß darf nicht zu lange hochgebunden sein, sonst wird das Pferd müde, auf einem Bein zu stehen, und kämpft unnötig und wirft sich unnötig hin. Gegen den Strick wehren sie sich zuerst alle.

Zum Hochbinden des Hinterbeines ist es besser, einen kurzen, schweren Riemen mit einem D-Ring an jedem Ende zu verwenden, der lang genug ist, um die Fessel zu laufen. Dann kann das Pferd sich nicht am Strick wund scheuern, wenn es sich gegen das Hochbinden wehrt.

Alle Jungpferde sollten zu Beginn an das Gehobbeltsein gewöhnt werden. Vorder- und Hinterbeine können zur selben Zeit gehobbelt werden, obwohl es bei den meisten Jungpferden nicht erforderlich ist, die Hinterbeine zu hobbeln. Nachdem sie angebunden und gründlich ausgesackt wurden, ist es Zeit, sie zu satteln und mit leerem Sattel laufen zu lassen. Manche bocken dabei gewaltig, aber das hat zu diesem Zeitpunkt nichts zu bedeuten. Laß sie für drei oder vier Stunden gesattelt und entlasse sie dann bis zum nächsten Tag. Es ist nicht gut, grüne Jungpferde zu lange an einem Stück zu arbeiten.

Am nächsten Tag werden sie gesattelt und für eine halbe Stunde mit leerem Sattel laufen gelassen. Diesmal werden sie nicht viel bocken. Fange sie ein und lege ihnen einen Snaffle

Bit ins Maul. Der Snaffle Bit sollte einen ziemlich langen Lederriemen durch die Öse laufen haben, lang genug, daß er an jeder Seite aus dem Maul kommt und auf dem Nasenrücken verknotet werden kann. Die Schlaufe über der Nase wird dann mit einem Riemchen an seinem Schopf (oder Stirnriemen) hochgebunden (s. Abb. 3). Das verhindert, daß es seine Zunge über das Gebiß nimmt, und das Gebiß arbeitet nicht so sehr auf den Laden. Das Pferd lernt so, seine Zunge unter dem Gebiß zu halten. Das sollte so beibehalten werden, bis es schon gut geht.

Abb. 3

Nachdem der Snaffle Bit justiert ist sollte das Pferd ausgebunden werden. Zu Beginn dürfen sie nicht sehr eng ausgebunden werden, gerade stramm genug, um den Kopf ein wenig herunter zu bringen. Ein Zügel soll ein wenig kürzer als der andere sein. Am Anfang sollen sie nur für zwei Stunden ausgebunden werden.

Wenn man kein Geschirr zum Ausbinden hat, kann der Zügel hinter dem Cantle des Sattels herlaufen und dort festgebunden werden. Nach einer Weile beginnt das Pferd, dem Gebiß nachzugeben (s. Abb. 4).

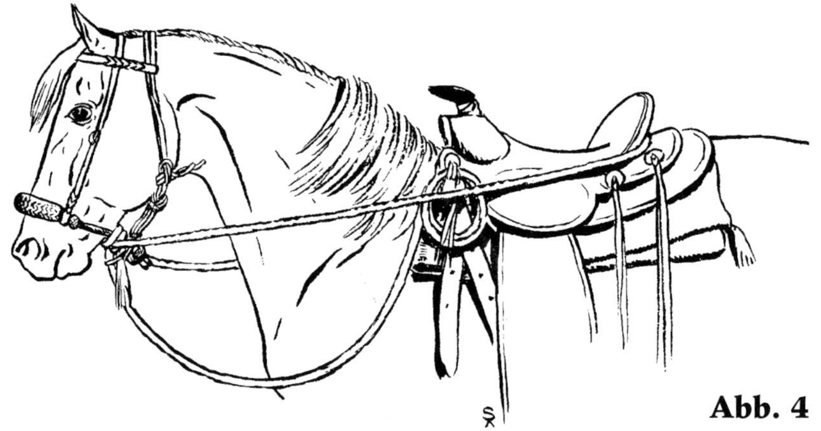

Abb. 4

Am nächsten Tag können sie etwas enger ausgebunden werden, und beim kürzeren Zügel wird die Seite gewechselt. Laß sie für drei oder vier Stunden ausgebunden. Nach drei Tagen Ausbinden mit dem Snaffle Bit wird dasselbe mit der Hackamore gemacht. Dabei sollte eine weiche Hackamore benutzt werden und beim Ausbinden eher locker auf der Nase justiert werden. Weder mit dem Snaffle Bit, noch mit der Hakkamore dürfen sie so eng ausgebunden werden, daß sie sich nicht mehr durch Einziehen der Nase Slack in den Zügeln verschaffen können.

DOUBLING ODER PULLING

Nachdem sie vom Boden aus gearbeitet und gut ausgebunden wurden, sollten sie vor dem Einreiten vom Boden aus „gefahren" werden. In dieser Phase der Bodenarbeit sollen sie komplett in beide Richtungen gewendet werden, mit der Hakkamore und auch mit dem Snaffle Bit. Das sollte in Intervallen dreimal oder viermal pro Tag gemacht werden.

Der Reiter geht anfangs beim Wenden mit dem Pferd herum und wendet es nach beiden Seiten. Er soll keinen stetigen Zügelzug ausüben, sondern es durch Annehmen und Lockerlassen - Pull und Slack - ganz herumbringen. Wenn es das gut kennt, so daß es auf diese Weise lenkbar ist, kann der Reiter es wenden, ohne mitgehen zu müssen.

Der Reiter kann den Zügel auf der Seite, die ihm abgewandt ist, hinter dem Cantle herlaufen lassen und den Kopf des Pferdes durch Annehmen und Lockerlassen von sich weg lenken, dem Pferd so Zeit zum Wenden gebend. Ein paarmal täglich, und das Pferd lernt bald, ganz herum zu kommen. Harte Zügelhilfen sollten mit der Hackamore gegeben werden und nicht mit dem Snaffle Bit.

Hierfür sollte man eine weiche Hackamore benutzen, deren Seitenteile man mit Lappen umwickelt; zwischen die Seitenteile und die Backen des Pferdes bindet man ein flaches Stück Leder, um zu verhindern, daß dort die Haut des Pferdes abgescheuert wird. Das Nasenband der Hackamore soll da aufliegen, wo der Knorpelteil der Nase in den knochigen Teil übergeht, und von dort schräg abwärts zum Knotenende der Hackamore fallen (Abb. 5). Sie sollte weder zu

Abb.5

hoch, noch zu niedrig justiert sein. Wenn sie etwas tiefer geschnallt ist, wirkt sie schärfer.

Die Hackamore sollte recht dicht an den Backen anliegen, aber nicht stramm sein. Es ist nicht gut, an den Backen die Haut abzuscheuern, obwohl es die Pferde nicht verdirbt, wenn einmal etwas Haut abgescheuert wurde. Aber sie sollten nicht dauernd wund sein.

Das Doubling oder Pulling ist sehr wichtig. Es kommt hauptsächlich darauf an, sie dahin zu bekommen, daß sie nach beiden Seiten nachgeben und wenden, ohne sich zu versteifen und dem Reiter den Kopf entziehen, ihn zur anderen Seite zu nehmen. Letzteres lernen sie, wenn er zum falschen Zeitpunkt zu hart zieht, bevor sie gelernt haben, mit einem Mann auf dem Rücken zu wenden. Je sanfter man das schafft, desto besser. Sie lernen, ihren Hals gegen den Zug steif zu machen, wenn der Reiter den Zügel nicht mit Bedacht bedient.

Der Reiter baut sie in diesem Stadium auf, so daß er sie doubeln kann, ohne daß sie je die Oberhand gewinnen. Sie können schnell lernen, den Kopf wegzunehmen.

Nachdem die Hackamore so justiert ist, daß sie an den Backen eher eng anliegt und die Hackamore-Zügel so um den Hals gebunden wurden, daß es die Hackamore nicht über den Kopf ziehen kann (am besten benutzt man eine Hackamore mit Fiador), binde einen langen Strick an das Lead Rope der Hackamore und scheuche es die Seite eines Zaunes entlang. Laß es etwa 10 Meter davonlaufen, und stemme dich dann mit über die Hüfte gelegtem Strick dagegen, so daß es voll gegen die Hackamore läuft und herumgewirbelt wird. Das wird zweimal nach jeder Seite ausgeführt, wobei der Kopf des Pferdes immer vom Zaun weggezogen wird. Der Zaun hilft, den Lauf gerade zu halten und ermöglicht dem Reiter, es besser zu doublen.

Bevor es geritten wird, sollte es auf diese Weise zwei oder dreimal gepullt werden. Es lernt so, was ein harter Pull ist, ohne daß es seinen Kopf dem entziehen könnte.

Die beste und leichteste Methode, sie am Anfang zu reiten, ist das Führen von einem anderen Pferd aus, vorausgesetzt, man hat einen guten Helfer. Sie haben so nie eine Chance, durchzugehen oder zu bocken, und sie können von dem anderen Pferd hierhin und dahin gezogen werden, nachdem sie sich beruhigt haben. Das ist eine gute Art, sie nachgiebig zu bekommen.

Sie von einem anderen Pferd aus zu pullen erspart dem Reiter viel Zeit und harte Arbeit. Sie sollten so zweimal im Corral und einmal draußen geführt werden.

Arbeitet ein Reiter allein, ist es am besten und einfachsten, den Snaffle Bit zu gebrauchen und es danach mit doppelten Zügeln in die Hackamore umzustellen. Manche erfordern keine Arbeit mit Doppelzügeln, andere sehr wohl. Sie können ihren Kopf nicht so leicht wegnehmen, denn mit dem Snaffle Bit hat man viel Gewalt.

Wenn der Reiter allein arbeitet und alle Pferde in der Hakkamore startet, muß er vorsichtig sein. Er kann sie zunächst von einem anderen Pferd aus pullen, ohne daß sie geritten werden. Laß es entlang eines Zaunes rennen, und pull seinen Kopf herum, vom Zaun weg.

Beim ersten Reiten muß man sehr behutsam mit ihnen umgehen und sie zweimal oder dreimal nach beiden Seiten wenden. Der Reiter sollte nicht versuchen, zu hart zu pullen oder das Pferd zu doublen, bevor es nicht mehr gelernt hat. Eine halbe Stunde ist genug, dann am nächsten Tag weitermachen.

Am nächsten Tag sollte der Reiter es im Corral galoppieren lassen und versuchen, es hierhin und dahin zu wenden. Wenn er wendet, sollte er es zum Zaun hin wenden, denn das macht die Drehung enger. Versuche nicht, es zu weit zu drehen oder zu hart zu pullen, und laß es niemals zu dicht am Zaun laufen, sonst könnte es versuchen, den Kopf dicht an den Zaun zu nehmen und dort kleben zu bleiben.

Es kommt darauf an, daß es so weit nachgibt, daß es mit einem leichten Pull in eine Richtung gelenkt werden kann und dabei mit Kopf und Hals ein wenig in die Richtung geht, also nachgibt. Wenn es zu hart gepullt wird und zum falschen Zeitpunkt, versteift es seinen Hals, und der Reiter ist nicht in der Lage, es herumzuziehen. Das Pferd geht dann gegen die Hackamore und kann einen „falschen Double" entwickeln.

Ein „falscher Double" ist, wenn ein Pferd den Hals steif macht bei einem harten Pull und ihn nicht biegt. Es versteift seinen Hals, wenn es weiß, daß es gedoubelt wird, wenngleich es schon halbwegs stoppt und wendet. Wenn man das toleriert, wird es sich nie so weiterentwickeln und leichter werden in der Hackamore, wie dies erwünscht ist. Ein solches Pferd wird besser mit Snaffle Bit geritten, bis es korrigiert ist.

Wenn es im Corral gedreht wird, soll es nie um 360 Grad gedreht werden, denn das würde es verwirren. Wende nur um 180 Grad, und wenn es in die Richtung schaut, aus der es kam, galoppiere es in die Richtung zurück.

Es ist wichtig, daran zu denken, niemals permanenten Zügelzug anzuwenden, ob man es nun scharf wendet oder leicht - immer mit Pull und Slack arbeiten, bis es so weit gewendet hat, daß es in die Richtung steht, aus der es kam und dann zurück galoppieren. Beim harten Pulling gibt man ihm einen starken, harten Pull und dann Slack. Weil es durch den einen Pull wahrscheinlich nicht völlig gewendet wird, wird die

Wendung durch leichtere Pulls (Zupfer) und Slacks vollendet und es dann zurück galoppiert.

Läuft es zu schnell, muß der Reiter ihm zwei oder drei harte Pulls und Slacks geben, bis er es zum Stehen bekommt und zum Wenden. Nachdem das Pferd mehr kennt, bedarf es nur noch eines harten Pulls und Slacks, und es wird seine Hinterfüße unter sich schießen und zu wenden beginnen.

Hänge niemals in den Zügeln, nachdem es gestoppt und gewendet hat, denn es lernt nie zu wenden, wenn man an den Zügeln hängt, und es kann auch einen „Gummihals" entwikkeln und versuchen, durchzugehen während sein Kopf herumgezogen ist bis zum Knie des Reiters.

Wenn es hart gepullt wird, sollte das immer nach beiden Seiten geschehen. Wenn es mit leichten Hilfen herumgelenkt wird, sollte es immer die innere Hand des Reiters sehen können, denn es lernt, auf die Reiterhand zu achten und danach zu stoppen und zu drehen.

In jeder Gruppe von Pferden gibt es immer eins, das nicht wenden will und sich sehr dagegen wehrt. Das beste ist, es zuerst mit Snaffle Bit zu reiten. Wenn es damit auch noch nicht geht, benutze Draw Reins (Schlaufzügel), und es wird herumkommen müssen, ob es nun will oder nicht. Ein oder zwei Ritte mit Draw Reins sollten genug sein, um es nachgeben zu lassen.

Die Draw Reins kann man leicht anbringen und wieder abnehmen. Sie bestehen aus zwei langen Lederzügeln, etwa 2,40 m lang, die an einem Ende einen Karabinerhaken haben, und sind einen halben Zoll breit. Das Hakenende wird an jeder Seite des Gebisses durch den Ring gezogen und am Ring des Bauchgurtes auf jeder Seite eingehakt.

Wenn ein Jungpferd in der Hackamore sich anfangs nicht lenken lassen will, binde es an seinem Schweif aus und laß es sich selbst herumziehen. Dadurch lernt es nicht zu drehen, aber nachzugeben, so daß der Reiter es lehren und dabei mit leichten Hilfen auskommen kann. Schicke es ein paarmal im Kreis herum, wenn sein Kopf an seinen Schweif gebunden ist, und laß es dann stehen, sonst wird es schwindelig und kann fallen, mit seinem Kopf zuunterst. Eine halbe Stunde ist für das durchschnittliche Jungpferd genug.

Nachdem die Pferde sich mit dem Snaffle Bit gut lenken lassen, kann man sie mit Double Reining auf Hackamore umstellen. Double Reining bedeutet, daß man sie mit beidem, der Hackamore und dem Snaffle Bit, zugleich aufzäumt. Die Zügel von beidem werden gleichzeitig benutzt, und nach und nach werden die Hackamore-Zügel mehr als die Snaffle-Zügel benutzt, bis das Pferd sich daran gewöhnt hat, nur noch mit den Hackamore-Zügeln gelenkt zu werden.

Denk daran: Beim Pulling greift man an einem Zügel hinunter und gibt ihm einen gewaltigen, harten Pull und Slack, wenn seine Vorderfüße vom Boden weg sind. Gib ihm immer Slack nach einem Pull; halte nicht die Zügel fest. Wende es in die Richtung, aus der es kam, und pull immer nach beiden Seiten. Achte darauf, das Pulling nicht zu übertreiben. (s. Abb. 6).

Wie lange ein Pferd im Corral geritten werden soll, hängt davon ab, wie es sich anstellt. Wenn es gefügig ist und gedoubelt und kontrolliert werden kann, kann man mit ihm gleich nach draußen gehen.

Der Reiter muß es unter Kontrolle behalten können, denn manche wollen rennen oder bocken, und wenn ein grünes Pferd in der Hackamore in voller Fahrt galoppiert, ist es außer Kontrolle. Man müßte es zuviel pullen, um es zum Anhalten

Abb.6

zu bringen. Pull und stoppe es, bevor es zu schnell galoppiert. Ein Pferd kann manchmal nicht gedoubelt werden, wenn es zu schnell rennt; es lernt dann, daß es wegrennen kann und wird zum Durchgänger.

Wann immer ein Pferd nicht so kontrolliert werden kann, wie es nötig ist und gegenüber dem Reiter die Oberhand behält, merkt es das schnell. Der Reiter arbeitet es dann nicht so, wie er müßte, weil er befürchtet, daß das Pferd ihn austrickst; er betrügt sich dann selbst.

Eine Stunde ist genug, wenn es zum ersten Mal außerhalb des Corrals geritten wird, denn das Jungpferd wird müde sein und besorgt. Eins das etwas mehr „Pfeffer" hat, kann etwas länger geritten werden.

PUNKTE ZUR ERINNERUNG

1. Halte die Hand beim Wenden bzw. Lenken deutlich zur Seite, wo es sie sehen kann, denn das Pferd lernt, die Hand zu beobachten und daraufhin zu stoppen und zu wenden.

2. Arbeite immer mit leichten Pulls und Slacks.

3. Gebrauche nie härtere Pulls als notwendig; versuche, mit den Fingern an den Zügeln Kontakt mit seiner Nase oder seinem Maul aufzunehmen.

4. Gib ihm einen starken Pull und Slack an einem kurzen Zügel beim Doubling oder Pulling, und zwar, wenn seine Vorderbeine vom Boden weg sind.

5. Laß es nicht zu schnell rennen.

6. Halte es nicht mit den Zügeln, wenn es läuft, sonst wird es unempfindlich in der Hackamore.

7. Reite immer mit losem Zügel.

8. Vermeide abrupte Starts, abruptes Angaloppieren, denn dadurch regt es sich auf, und der Reiter hängt in den Zügeln.

9. Halte es so ruhig wie möglich.

NACHGEBEN GEGENÜBER DER HACKAMORE

Das Pferd muß immer dem Druck der Hackamore nachgeben, wenn es lernen soll, so zu arbeiten, wie es den Anforderungen dieser Art des Trainings entspricht.

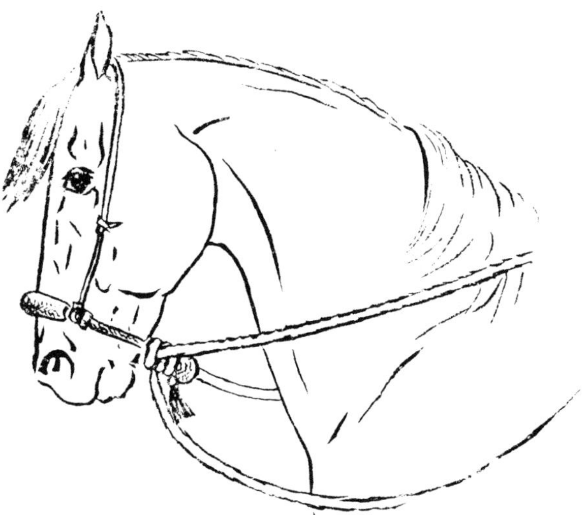

Abb.7

Wenn es der Hackamore nicht nachgibt, kann man es auch gleich mit einem Halfter zu reiten versuchen.

Es reagiert auf die Hackamore, weil es weiß, daß es gedoubelt werden kann, wann immer der Reiter es doubeln möchte.

Es hat gelernt, die Hackamore zu respektieren und achtet auf sie.

Wenn es nachgibt, wird es „leicht" in der Hackamore. Wenn es nachgibt, erfühlt es die Hackamore, sobald die Zügel bedient werden. Wenn es das nicht fühlen würde, würde es nicht nachgeben (Abb. 7).

Es muß leicht in der Hackamore sein, bevor es das Stoppen und Wenden erlernen kann.

Wenn es die Hackamore erfühlt, wird ihm damit nicht weh getan.

DIE RELATION DES DOUBLINGS ZUM SLIDE

Wenn es leicht zu doublen ist, gibt es der Hackamore nach und schiebt die Hinterbeine etwas unter sich, wenn ein Zügel angenommen wird; es zieht auch etwas die Nase ein bei einem leichten Pull (Abb. 8).

Wenn es das tut, ist es der Anfang vom Slide.

Der Reiter muß die Nase des Pferdes erfühlen und darf nicht stärker pullen, als es der Sensibilität des Pferdekopfes entspricht.

Abb.8

Es lernt von Beginn an, auf einen Pull und Slack hin gerade zu stoppen, und der Zügel wird gerade zurück, auf den Bauch des Reiters zu, angenommen.

Mit dem Pull und Slack sollten seine Hinterbeine etwas untergeschoben werden, wenn es der Hackamore nachgibt. Es muß immer mit dem gerade zurück gerichteten Pull und Slack gearbeitet werden, wenn es gestoppt wird, und mit der Zeit wird es immer besser darin und wird schließlich sliden.

Zu anfang sollte es nicht zu schnell galoppieren wenn es gestoppt wird. Viele Jungpferde haben in drei oder vier Wochen gelernt, ein langes Stück zu sliden, wenn der Reiter beim Einreiten gute Arbeit geleistet hatte und die Pferde von Natur aus begabt waren.

Durchschnittliche Jungpferde lernen in etwa drei Monaten, in guter Manier die Hinterhand unter sich zu schießen.

Doubling fügt einem Pferd keinerlei physischen Schaden zu. Es ist nur Mittel zum Zweck.

Das Doubling darf nicht übertrieben werden. Durch das Doubling bringt der Reiter das Pferd auf eine gewiße Höhe bezüglich seiner Aufmerksamkeit und Reaktionen und hält es dann da, damit es zu sliden und zu wenden lernen kann.

3

KOPFHALTUNG

In den vier Monaten nach dem das Pferd gestartet wurde ist das Wichtigste, daß seine Kopfhaltung fixiert wird. Das Ausbinden am Anfang hat seine Nase heruntergebracht, und es muß nun sorgfältig behandelt werden, um sie unten zu halten.

Das fertige Bridle Horse soll mit tiefer und eingezogener Nase arbeiten, und wenn das Pferd sich in der Hackamore angewöhnt hat, mit hoher Nase zu arbeiten, so bleibt einem nur, dies in der Bridle zu korrigieren. Es ist besser, sich am Anfang Zeit zu nehmen und die Nase unten zu halten, wo sie hingehört (Abb. 9).

Abb. 9

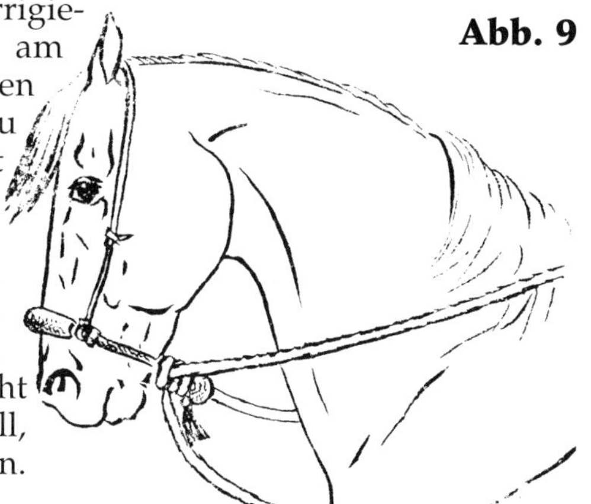

Wenn ein Pferd den Kopf hoch trägt, so daß der Reiter ihn fast im Gesicht hat, kann es nicht so arbeiten, wie es soll, denn es ist außer Position.

Von Natur aus trägt ein Pferd seinen Kopf unten, und wenn seine Nase im Verlauf des Trainingsprozesses hoch kommt, liegt das an der Art und Weise, wie die Zügel gehandhabt wurden.

Man muß sich immer daran erinnern, daß ein ständiger Zügelzug und ein beidseitig gleich starker Zügelzug ein Hochwerfen der Nase hervorrufen, weil es seine Nase hochnimmt, um den ständigen Zug zu fühlen. Es führt auch dazu, daß es mit dem Kopf auf und ab nickt.

Tie-downs*) halten den Kopf eines Pferdes unten, solange sie angelegt werden, aber sie kurieren ein Pferd nicht vom Hochwerfen der Nase, denn es gewöhnt sich an den ständigen Zug des Tie-downs.

Das Wichtige, das einem Pferd am Anfang beigebracht werden muß, ist, der Hackamore oder dem Bit gegenüber durch Einziehen der Nase nachzugeben, was man Tucking nennt. Das Tucking ermöglicht dem Reiter, die Nase den ganzen Trainingsprozess hindurch unten zu halten, und ein Reiter kann immer wieder darauf zurückkommen, wenn die Nase anfängt hochzukommen.

Das Tucking wird direkt und indirekt den ganzen Trainingsprozess hindurch angewandt.

TUCKING

Das Tucking muß bei grünen Pferden angewandt werden, bevor sie sich angewöhnen, die Nase hochzuwerfen, wenn sie gearbeitet werden. Nachdem sie sich angewöhnt haben, die Nase hochzuwerfen, kann man durch das Tucking in den meisten Fällen auch nicht mehr viel ausrichten (Abb. 10).

Abb. 10

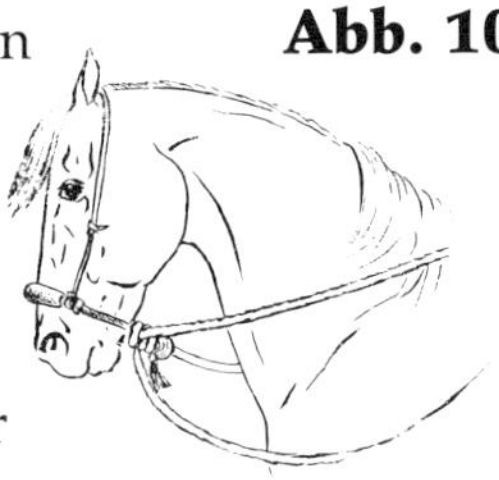

**) Tie-down = Feststehendes Martingal, Stoßzügel*

Bei Pferden mit sensiblen Köpfen sollte eine weiche Hackamore verwendet werden, und bei schwerköpfigen*) Pferden sollte man eine recht steife verwenden.

Die Hackamore muß dem Pferd entsprechend eng angelegt werden. Ist es sensibel, und der Reiter kann es leicht an einer lockeren Hackamore erfühlen, dann braucht sie nicht enger geknotet werden, oder sie soll nur so eng sein, daß es gut nachgibt. Wenn es schwerköpfig ist, sollte sie eher eng an den Backen anliegen, wenngleich nicht stramm angezogen sein.

Unsensible, schwerköpfige Pferd müssen mehr gedoubelt werden als sensible, damit sie leichter reagieren und aufpassen, was der Reiter will. Bei einem sensiblen Pferd ist kaum Pulling notwendig, das der Rede wert wäre.

Nachdem das Pferd draußen geritten wurde, ist es notwendig, daß es lernt, in der Richtung zu galoppieren, die der Reiter vorschreibt. Halte es immer unter Kontrolle, und laß es nicht voll ausgreifen im Galopp, selbst mit einem Snaffle Bit nicht. Wenn es zu schnell wird, nimm einen Zügel etwas an, gerade genug, um es zu verlangsamen.

Beginne mit der Acht so bald wie möglich. Das bedeutet, es in Form einer Acht zu galoppieren. Am Anfang sollte man große Achten reiten, und der Reiter sollte bei der Richtungsänderung seine Hand deutlich in die Richtung halten, in die es laufen soll, so daß das Pferd die Hand sehen kann, und ihm dann leichte Pulls und Slacks geben, bis es in die Richtung läuft, in die der Reiter es haben will. Wenn es nicht folgen will, pull es hart auf jeder Seite und reite dann wieder Achten.

Das Reiten von Achten lehrt es, mit den Vorderbeinen den Galopp zu wechseln. Auf dem Linkszirkel führt es mit dem

*) *Schwerköpfig = Unsensibel am Kopf (gegenüber der Hackamore)*

linken Vorderbein, und rechtsherum führt es mit dem rechten Vorderbein. Viele Pferde führen meistens mit dem linken Vorderbein. Achten machen das Pferd behender und befähigen es, sehr kurze Wendungen im Galopp auszuführen und helfen ihm, alle seine Beine für das Drehen zu positionieren.

Beim Stoppen darf nie hart gezogen werden und nie an beiden Zügeln gleichzeitig, sonst kommt die Nase des Pferdes hoch; wenn es sich das angewöhnt hat, ist es praktisch unmöglich, sie wieder runter zu bekommen.

Wenn es im Schritt geht, oder wenn es in Trab fällt, nimm einen Zügel in jede Hand (benutze nur die Finger), etwa auf Höhe der Fork*), und gib ihm einige leichte Pulls auf einem Zügel, dann schnell dasselbe auf dem anderen Zügel, jeweils rückwärts auf die Hüfte des Reiters zu.

Der erste Pull sollte leichter sein als der zweite. Der Reiter erfühlt mit einem leichten Pull die Nase des Pferdes, gerade genug, um die Nase etwas herunterzubringen, und gibt ihm dann einen etwas stärkeren Pull. Das wird am losen Zügel und auf beiden Seiten gleichmäßig gemacht (Abb. 11).

Abb. 11

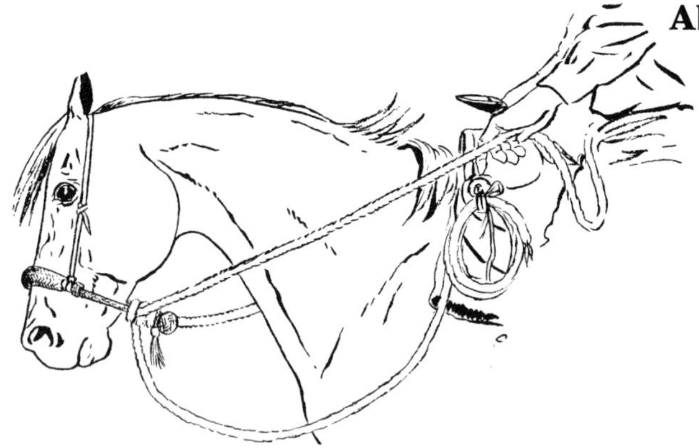

*) *Fork = Sattel-Fork, Vorderzwiesel*

Das lehrt das Pferd, auf einen leichten Pull hin die Nase einzuziehen. Diese Pulls müssen der Sensibilität seines Kopfes entsprechen, nicht stärker und nicht leichter, denn es muß sie fühlen. Wenn es beginnt, der Hackamore nachzugeben, begrenzen diese Pulls das Pferd und verlangsamen es. Es sollte immer verlangsamt oder angehalten werden, wenn dies gemacht wird.

Das bedeutet nicht, daß ein Reiter dies dauernd tun soll, vom Zeitpunkt des Aufsitzens bis zum Absteigen, denn das wäre zuviel und würde dem Pferd nichts nützen. Treibe es mit den Beinen und Füßen in den Trab und bring es durch das Tucking zurück in den Stand oder Schritt.

Will das Pferd nicht anhalten, wenn dies gemacht wird, nimm es scharf herum, so daß es in die Richtung guckt, aus der es kam. Laß es eine Minute stehen, auch wenn es hart gepullt werden muß, um es zum Stehenbleiben zu bringen.

Tucking bedeutet, es mit leichten Pulls und Slacks mit den Zügeln zu erfühlen, gerade deutlich genug, daß es sie fühlt, aber nicht so stark, daß es einen Ruck auf der Nase oder im Maul spürt. Das hilft auch, es zu sensibilisieren.

Versuche nicht, es zu sliden oder hart zu stoppen, denn es dauert eine ganze Zeit, bis ein Pferd das kann, und es muß es erst erlernen. Der Reiter muß es lehren, wie das gemacht wird, sonst lernt es das nie.

Von jetzt an, bis es fertig für die Bridle*) ist, zielt die ganze Arbeit auf eins ab, und das ist die Positionierung seiner Beine, so daß es sliden, wenden und drehen kann.

**) Bridle = Zäumung auf Kandare, hier meistens Spade Bit*

Versuche nicht, es durch Neck Reining oder Squaw Reining zu lenken. Neck Reining und Squaw Reining verdirbt zu diesem Zeitpunkt nur die Manier des Pferdes und seine Aktion.

Nachdem ein Pferd auf die Bridle umgestellt ist, bleibt noch der ganze Rest seines Arbeitslebens, um es im Neck Reining zu reiten, darum besteht diesbezüglich keine Eile.

Jeder kann ein Pferd dazu bringen, im Neck Reining um eine Ecke gelenkt zu werden, aber das ist kein Reined Horse (siehe „Anforderungen an gute Hackamore und Snaffle Bit Horses").

Manche Pferde lernen schnell, und andere brauchen mehr Zeit, besonders die schwerköpfigen Pferde, und sie müssen am Anfang sehr sorgfältig gearbeitet werden, damit sie ihre Nasen herunternehmen.

PUNKTE ZUR ERINNERUNG

1. Laß das Pferd im Galopp nie in voller Geschwindigkeit laufen.

2. Ziehe nicht zu hart, wenn du es stoppst, und reiße nie an den Zügeln.

3. Nimm die Zügel seitlich in Richtung der Hüfte an, mit Pulls und Slacks, um das Tucking zu erreichen.

4. Versuche nicht, es mit Neck Reining oder Squaw Reining zu lenken.

5. Ziehe nicht an beiden Zügeln gleichzeitig.

6. Spiele mit seinem Kopf bzw. laß es tucken so viel wie möglich ist, ohne es sauer zu machen.

7. Reite mit losem Zügel.

8. Laß das Pferd bei Richtungsänderungen die Hand sehen.

9. Jedes Pferd ist anders und muß entsprechend behandelt werden.

10. Halte es so ruhig wie möglich, und vermeide, daß es sich aufregt.

4

WIE JUNGE PFERDE DAS BACK UP LERNEN

Es ist sehr leicht, junge Pferde das Back Up zu lehren. Einer der hauptsächlichsten Punkte ist, es nicht eilig zu haben, fünfzehn Meter oder mehr rückwärts zu richten. Sobald das Pferd der Hackamore nachgibt, wird es einen oder zwei Schritte rückwärts gehen, und das ist alles, was wir zu diesem Zeitpunkt verlangen.

Wenn es in diesem Stadium hundert Meter rückwärts ging, würde das weder ihm noch sonstwem etwas nützen, weil es noch nicht zu arbeiten versteht und sein Back Up nicht eingesetzt werden könnte.

Bei der tatsächlichen Rinderarbeit braucht das Pferd keine großen Distanzen rückwärtszurichten, aber kurze Distanzen muß es praktisch jedesmal rückwärtsrichten, wenn es Rinder arbeitet. Es besteht also keine Eile, es ein langes Stück rückwärtszurichten.

Hauptsächlich kommt es beim Backing junger Pferde darauf an, sie nicht „festklemmen"*) zu lassen, indem man versucht, sie an einem Stück zu weit rückwärtszurichten.

*\) *„Festklemmen" (to stick, to get stuck) bezeichnet ein in der Bewegung Erstarren des Pferdes, sei es aus bewußter Widersetzlichkeit, sei es aus Zwang bzw. Verkrampfung*

Hat ein Pferd diese Erfahrung gemacht, kann der Reiter Probleme mit ihm bekommen. Richte es jeweils nur ein, zwei Schritte zurück, und steigere das dann über eine ziemlich lange Zeitspanne; dann kann das Pferd lange Strecken rückwärts gerichtet werden, ohne daß es sich etwas dabei denkt.

Es soll einen oder zwei Schritte rückwärts gerichtet werden durch leichte Pulls und Slacks, erst auf dem einen, dann auf dem anderen Zügel; man kann es auch durch Annehmen beider Zügel versuchen, je nach dem, woraufhin es besser nachgibt (Abb. 12).

Abb. 12

Der Reiter sollte ihm mehrere leichte Pulls geben, ein paar Sekunden warten und das dann wiederholen. Wenn das Pferd ein, zwei Schritte rückwärts tut, damit aufhören bis zum nächsten Tag. Der Reiter sollte nicht eher aufhören, bis es ein oder zwei Schritte rückwärts getan hat. Sei beharrlich bis es rückwärts geht. Mach eine kleine Pause nach drei oder vier leichten Pulls, und versuche es dann erneut. Der Reiter darf niemals die Beherrschung verlieren und versuchen, es durch Kraftaufwand oder harte Rucke zum Back Up zu bewegen, wenn es festgeklemmt ist.

Der Reiter kann immer merken, wenn ein Pferd im Begriff ist, festzuklemmen, und er muß aufhören, bevor das Pferd soweit kommt, daß es festklemmt bzw. sich widersetzt. Der Reiter weiß auch, wie weit es rückwärtsrichten kann, und wenn er es nicht zu eilig hat, wird er das Festklemmen vermeiden können.

Wenn ein Pferd beim Back Up festklemmt, ist es sauer in der Beziehung. Wenn man wieder damit beginnt, ist es gerade so, wie wenn man ihm wieder alles von neuem zeigen muß. Der Reiter muß es wieder nur einen oder zwei Schritte rückwärts machen lassen, bis es nicht mehr sauer ist; danach wird es wieder so gut wie vorher rückwärtsrichten.

Ein Pferd das in der Hackamore nicht nachgibt, wird wahrscheinlich auch nicht rückwärtsrichten, aber das ist kein Festklemmen, denn es wird rückwärts gehen, sobald es auf die Hackamore besser reagiert.

Wenn die Jungpferde der Hackamore oder dem Bit nachgeben, gehen sie ein oder zwei Schritt rückwärts, und das ist sehr notwendig, denn der Reiter richtet sie ein, zwei Schritt rückwärts, bevor er sie aus dem Stand leicht wendet.

Das Backing vor der Wendung bringt die Hinterbeine in der richtigen Position unter das Pferd, um auf der Hinterhand zu wenden, und mit der Zeit wird ihnen das Drehen auf der Hinterhand zur Gewohnheit. Man braucht sie nicht jedesmal rückwärtszurichten vor einer Wendung, aber oft genug, daß es ihnen nach und nach zur Gewohnheit wird, sich für eine Wendung auf die Hinterhand zu setzen.

STUDIEREN NATÜRLICHER ANLAGEN

Es gibt Pferde, die von Natur aus sliden und solche, die es nicht tun. Die natürlichen Slider machen schneller Fortschritte als die anderen, denn ihre Beine sind besser positioniert für das, was der Reiter von ihnen will.

Wenn ein Reiter sich alle natürlichen Slider aussuchen könnte, würden alle seine Pferde außergewöhnlich gut werden, aber der professionelle Zureiter kann sie sich nicht aussuchen. Er nimmt, was immer man ihm zum Einreiten gibt und macht das Bestmögliche daraus.

Nachdem eine Gruppe Jungpferde drei oder vier Wochen gearbeitet wurden, können die mit den besten Aktionen leicht bestimmt werden. Selbst bevor sie geritten wurden, können die mit den besten Anlagen herausgefunden werden, wenn man sie etwas studiert.

Nehmen wir zum Beispiel eine Gruppe Jungpferde, die eingeritten werden können und lose in einem Corral laufen. Wenn man ihre Bewegungen sorgfältig beobachtet und wie sie ihre Hinterbeine gebrauchen, kann man die mit den besten Aktionen herausfinden (Abb. 13).

Abb.13

Alle gutgezogenen Pferde haben praktisch gute Bewegungen, aber es gibt einige, die auch ihre Vorderbeine zum großen Teil einsetzen, wenn sie beim Spielen und Herumlaufen stoppen. Diese nennen wir Prop-setter, und sie erfordern eine sorgfältige Ausbildung, wenn sie einen glatten Set and Turn erlernen sollen, ohne auf der Vorhand zum Stop zu bouncen*).

**) Bouncen: Wenn ein Pferd beim Stop die Vorderbeine steif macht, fangen diese einen großen Teil der Wucht ab. Da sie gerade durchgedrückt nur kurzzeitig Gewicht aufnehmen können und dann abknicken, äußert sich das in einem Stoß, dem Bouncing. Je nach der Geschwindigkeit, aus der gestoppt wird, kommt es mehrmals zum Bouncen, bis das Pferd steht. Das ist nicht nur fehlerhaft und unangenehm für den Reiter, sondern auch schädlich für die Vorderbeine. Ein Pferd kann das auf zwei Arten vermeiden: Es kann während des gesamten Stops die Vorderbeine in der Luft haben (was viele der alten Californio-Pferde taten) und erst zum Schluß wieder aufsetzen, oder es kann mit den Vorderbeinen gleichmäßig weiterlaufen, ähnlich wie beim Trab, was heute von Reining Horses erwartet wird.*

Diese Art Pferd sollte mit schnellem Set und Turn trainiert werden.

Es gibt immer mal Pferde, die sich ein paar Monate lang nicht gut anstellen, obwohl sie agil und behende sind, wenn sie keinen Reiter tragen. Sie hinken in ihrer Ausbildung nach. Nach einer Weile begreifen sie aber und machen dann gewöhnlich schnelle Fortschritte. Manchmal fangen sie auch das Bocken an.

Der Fortschritt, den die Pferde machen, hängt viel von ihrer Disposition*) ab. Manche neigen dazu, zuerst widersetzlich zu sein und zu schlagen, andere wollen bocken, obwohl viel davon abhängt, in welchem Alter sie gestartet werden. Manche sind sanft und freundlich, andere träge und verdrossen usw.

Für den professionellen Zureiter ist die Disposition der Jungpferde nebensächlich, denn er weiß, daß sie alle unterschiedliche Persönlichkeiten haben und behandelt sie entsprechend.

Wenn alle Pferde gute Bewegungen und Temperament haben, obliegt es dem Reiter, diese Bewegungen und das Temperament in ihrer Arbeit herauszubringen, und er bestimmt die Manier, in der sie arbeiten (s. Anforderungen... S.18).

Des Reiters Arbeit zielt darauf ab, die Aktion und das Temperament des Pferdes auch bei dessen Arbeit herauszubringen, aber er kann keine Aktion und kein Temperament ins Pferd zwingen, wenn es diese nicht besitzt. Hat das Pferd keine guten Bewegungen und kein Temperament, wird es nie ein gescheites Pferd abgeben.

*\) *Disposition: Interieur, Einstellung, Wesen; Lern- und Leistungsbereitschaft*

5

SENSIBILISIEREN DER PFERDE IN DER HACKAMORE

Man muß immer daran denken, daß die Pferde leicht werden müssen in der Hackamore, wenn der Reiter bei der Arbeit die größtmögliche Leistung von ihnen erhalten soll.

Sie werden leicht in der Hackamore, wenn sie nachgeben, und sie geben nach aufgrund des Doublings und des Bedienens eines Zügels mit Pull und Slack. Denn Pull und Slack bedeuten, daß eine neue Bewegung kommt und lassen es auf das Signal reagieren.

Auch das Tucking hilft, sie leichter zu bekommen, außerdem hält es ihre Nase unten außerhalb des Corrals und so, daß sie gedoubelt werden können. Bis der Reiter sie nach Belieben dirigieren kann, ist es die Lightening-up-Phase, die Phase, in der es immer feiner an die Hilfen kommt.

Die schwerköpfigen Pferde müssen leicht gemacht werden, und die sensiblen müssen sensibel erhalten werden.

In diesem Stadium wendet der Reiter meistens leichte Pulls und Slacks an, erst mit einem, dann mit dem anderen Zügel, um die Nase des Pferdes eingezogen zu halten, und läßt es die Hand sehen, wenn er es mit leichten Pulls und Slacks wendet.

Von jetzt ab sollte der Reiter in der Lage sein, eine Hand so gut wie die andere einzusetzen und mit jeder Hand die Zügel nach demselben System zu bedienen. Das muß er beibehalten, bis die Ausbildung des Pferdes beendet ist.

Solange das Pferd in der Hackamore ist, und selbst wenn es in den Double Reins ist, sollte der Reiter die Hand auf der Seite benutzen, zu der er abbiegt. Das bedeutet, daß er die Zügelhand wechseln muß. Das wird gemacht, weil das Pferd so gestartet wurde, daß es die Hand des Reiters beobachtet und gelernt hat, daraufhin zu stoppen und zu drehen. Wechselt der Reiter die Zügelhand nicht, wird das Pferd die korrekte Position (Stellung) verlieren.

Bleibt es außer Position, wird es einseitig. Es kommt beim Drehen mit den Vorderbeinen zu hoch vom Boden weg; es legt sich auf die Hackamore und stumpft ab. Es kommt auch bei der halben Drehung (Roll Back) nicht mehr ganz herum.

Nachdem es gelernt hat, wie es arbeiten muß, erhalte den Stil oder die Form, in der es zu arbeiten gelernt hat. Die schnellste Art, seine Form zu ruinieren, ist das zu frühe und dauernde Neck Reining.

Das Hackamore-Pferd sollte beurteilt werden nach der Form, in der es arbeitet, nicht nach seinem Neck Reining.

Bis ein Pferd so weit ist, daß es in die Double Reins geht, wird ein Zügel immer kürzer als der andere gehalten, und der Reiter wechselt immer die Hand, je nach dem, nach welcher Seite er lenkt.

Wenn das Pferd gestoppt wird, ist der Zügel auf der Seite, zu der es anschließend abgewendet wird, etwas kürzer; das Pferd weiß dann, nach welcher Seite es wenden muß. Der eine Zügel ist nicht so viel kürzer als der andere, daß man das sehen könnte, aber das Pferd fühlt es.

Wenn es in den Double Reins geritten wird und lernt, den Bit zu tragen, wenn es so weit ist, daß auch die Gebißzügel etwas mitangenommen werden können, lernt es nach und nach, auf gleichmäßigen Zügelzug zu stoppen und immer durch Neck Reining zu drehen.

Es gibt allerdings immer Ausnahmen. Ab und zu gibt es Pferde, die von Beginn an dauernd im Neck Reining geritten werden können und nie außer Position geraten. Solche sind sehr selten.

Manche sind sehr sensibel, andere weniger, und dann gibt es welche, die sehr unempfindlich in der Hackamore sind. Für die sensiblen nimmt man eine weiche Hackamore, damit sie nicht die Nase hochwerfen, und man justiert sie locker, aber nicht so locker, daß man nicht doublen könnte, wenn nötig.

Die sehr sensiblen Pferde benötigen nicht viel Tucking, denn ihre Nasen kommen sowieso herunter.

Diese Pferde sind sensibel, sie müssen also nicht erst sensibel gemacht werden. Sensibilität ist, was der Reiter haben will, darum gilt es, sie leicht zu erhalten. Man muß daran denken: Je härter man an der Hackamore zieht, desto härter wird das Pferd in der Hackamore.

Darum dürfen die leichten Pulls und Slacks nur so stark sein, wie es dem Pferdekopf entspricht, wenn sie das Pferd leicht und die Nase unten halten sollen.

Ein Reiter kann an solchen Pferden eine leichte Hand entwickeln, indem er immer Kontakt mit der Nase des Pferdes erfühlt, bevor er ein Signal gibt und während er ein Manöver ausführt. Das Erfühlen der Nase geschieht immer mit einem Touch und Slack.

Die, welche nicht so leicht sind, sollten mit einer schweren, weichen Hackamore geritten werden, eng genug, daß sie sie fühlen. Der Reiter muß sie ab und an durch Tucking durchparieren und leicht wenden, immer mit einem Zügel.

Das Bedienen nur eines Zügels und das Doublen, wenn sie es nötig haben, wird sie in wenigen Tagen sensibilisieren. Wenn sie nicht nachgeben wollen, müssen sie gedoubelt werden; wenn sie aber langsam besser werden, double sie nicht. Pull und Slack auf einem Zügel bekommt ein Signal für sie, daß eine neue Bewegung bevorsteht, und sie reagieren leichter.

Der Reiter soll sie nicht doublen, es sei denn, sie brauchen es, und wenn, sollte er es nach beiden Seiten tun, damit sie nicht einseitig werden. Sei immer sicher, daß das Pferd es wirklich nötig hat, bevor du ein Doubling ausführst.

Abb. 14

Wenn ein Pferd der Hackamore nicht nachgeben oder keine Aufmerksamkeit schenken will und mehr oder weniger seinen eigenen Kopf durchsetzen will, muß es gedoubelt werden. Aber der Reiter muß im Zweifelsfall für das Pferd entscheiden und es nicht für jeden kleinen Fehler doublen, den es macht.

In diesem Stadium muß das Pferd in der Bewegung sein, wenn gepullt wird, sonst wird es vermutlich steigen, denn seine Beine werden wahrscheinlich nicht richtig geordnet sein (Abb. 14).

Wenn es zu steigen beginnen sollte, laß seinen Kopf in Ruhe und laß es im Galopp anspringen. Wenn es galoppiert, pull es hart wenn seine Vorderbeine vom Boden weg sind; dann kann es seine Beine so unter sich setzen, daß es herumkommen kann.

Die Hackamore muß so angebracht sein, daß sie sie immer fühlen können, aber nicht stramm, sonst wird die Nase nach einer Weile taub, und sie können sie nicht mehr fühlen.

Schwerköpfige Pferde benötigen zu Beginn eine große, steife Hackamore, eng an den Backen, aber nicht „festgeschraubt“. Sie müssen öfter als andere gedoubelt werden,

Abb. 15

damit sie locker werden. Sie strecken beim Wenden meistens ihre Nase vor, darum ist es besser, sie für zwei oder drei Tage ein oder zweimal am Tag zu pullen. Ein Lederriemen kann durchs Maul gezogen und an den Seitenteilen der Hackamore festgebunden werden. Das sensibilisiert sie schneller. Laß das dran für zwei oder drei Tage.

Laß sie entlang des Hindernisses oder Zaunes oder der Stallwand galoppieren und pull auf der Seite, wo das Hindernis ist, um sie kurz und hart stoppen und wenden zu lassen. Dann laß sie zur anderen Seite laufen und pull sie gegen das Hindernis. Pull mit einem starken, harten Pull und Slack wenn die Vorderbeine nicht am Boden sind (Abb. 15). Obwohl es ihnen nicht schadet oder sie nicht verletzt, darf dies nicht übertrieben werden. Nachdem sie gelernt haben, der Hackamore nachzugeben, bedürfen sie nur noch sehr wenigen Doublings. Das sensible Pferd gibt von Beginn an der Hackamore nach und das schwerköpfige nicht.

Wenn die Hinterbeine ein paar Zoll untergeschoben werden, während des Tuckings auf einem Zügel an jeder Seite, darf der Reiter nicht zuviel des Guten tun.

Wenn das Pferd für zwei oder drei Stunden geritten wird, justiere die Hackamore alle Stunde etwas rauf oder runter auf der Nase, damit es sie weiterhin fühlt.

Wenn es sensibler zu werden beginnt, benutze eine mittelstarke, weiche Hackamore, denn es versucht sonst, der Steifheit der Hackamore zu entfliehen und wirft die Nase hoch.

Schwerköpfige Pferde erfordern ständiges Reiten. Ein von Natur aus faules Pferd muß ab und zu geweckt werden. Es neigt dazu, den Reiter auszunutzen und einzuschlafen. Mach' es wach und und halte es wach, aber es darf sich nicht so aufregen, daß es ständig tänzeln und zappeln will.

Alle Jungpferde lernen mehr, wenn sie zwei Stunden täglich geritten werden, als wenn sie lange Ritte absolvieren müssen, und sie sollten möglichst jeden Tag geritten werden.

Nachdem sie so weit sind, daß sie gut gehen, brauchen sie längere Ritte.

Denke daran, daß wunde Stellen durch eine ständig zu stramm gebundene Hackamore die Pferde nach einiger Zeit nicht mehr stören, und dann werden sie richtig hart (unempfindlich) gegenüber der Hackamore.

Der Reiter muß ein gutes Urteilsvermögen haben und nichts übertreiben, besonders das Doubling nicht. Jungpferde müssen zur rechten Zeit gedoubelt werden, und es wird ihnen nicht schaden, aber laß sie zufrieden, wenn sie sich ordentlich anstellen. Dann kann man sie immer noch doublen, wenn es nötig ist.

Ein müdes Pferd sollte nie gedoubelt werden, es sei denn, es wird so aufsässig, daß einem nichts anderes übrig bleibt. Es wird unempfindlich gegenüber der Hackamore, wenn es müde ist; der Reiter muß es darum so leicht und langsam wie möglich arbeiten, dann braucht er es nicht zu doublen.

Ein müdes Pferd kann 'ne Menge schlechter Sachen in wenigen Minuten lernen, wenn es zuviel in der Hackamore gepullt wird. Eins der schlimmsten Dinge, die es lernen kann, ist, sich in den Pull zu werfen ohne zu wenden, obwohl sein Kopf zur Seite herumgezogen ist.

Es gibt viele Reiter, die ihre Pferde zu viel doublen, weil sie die Grundprinzipien der Zügelbedienung und die einzelnen, aufeinanderfolgenden Schritte nicht kennen. Das Verständnis für die Grundprinzipien und die Anwendung der einzelnen Schritte zur rechten Zeit eliminiert unnötiges Doubling.

Der Reiter sollte so viel wie möglich Zirkel reiten, mit oder ohne Rinder. Zirkel helfen, ihre Füße zu positionieren und lehrt sie, am losen Zügel zu laufen.

Denke daran: Sei nicht eilig, die Ausbildung abzuschließen. Dränge sie nicht. Niemand kann ein Pferd auf die Schnelle gut einreiten, und jedermann kann ein Pferd ruinieren.

Manche benötigen schon am Anfang einen Beschlag, und sie sollten sofort hinten beschlagen werden. Wenn sie vorn klamm gehen, brauchen sie auch vorn Eisen.

Ein Pferd vorn wund werden zu lassen, um es zum Sliden zu bringen, ist eine Ansichtssache. Ein Pferd das von Anfang an rundum beschlagen wurde, wird jedenfalls genauso weit sliden, wie eins, das vorn nicht beschlagen wurde.

Bei Verwendung des Snaffle Bits besteht die Tendenz, mit zuviel Zügelzug zu reiten. Der Reiter muß darauf achten und den Snaffle Bit genauso bedienen wie die Hackamore, mit leichten Pulls und Slacks, und darf nicht am Pferdekopf ziehen.

Der Reiter kreiert bei den Pferden das System, durch das sie so zu arbeiten lernen, wie der Reiter dies will. Es sind ein klares System und bestimmte Schritte, nach denen bei Hackamore-Pferden vorgegangen wird, um die Aktion und die Beweglichkeit herauszubringen.

FORM, KLASSE UND VERSTÄNDNIS

Von nun an ist das hauptsächliche Ziel, daß sie in der korrekten Weise arbeiten, damit ihre Manier die richtige Form bekommt. Das ist ein langwieriger Prozeß der kleinen Schritte. Die Form, in der sie arbeiten, macht ihre Klasse aus, wenn sie fertig für die Bridle sind.

Sie stoppen in einer Bewegung, mit der Nase unten und eingezogen; sie drehen mit den Vorderbeinen in der Luft. Sie können aus jedem Winkel, den der Reiter wählt, angaloppiert werden. Sie stoppen gerade und drehen mit geradem Körper. Sie drehen halb herum oder spinnen, und sie tun es mit Leichtigkeit. Sie arbeiten glatt und geschmeidig (Abb. 16).

Abb. 16

Ein Reiter muß immer gutes Urteilsvermögen walten lassen und die Anwendung der Grundprinzipien verstehen; sie sind nicht schwer zu erlernen oder zu studieren, sondern fallen ihm leicht mit der Übung zu. Er darf davon nicht abweichen, weil er es eilig hat, denn es gibt keine Abkürzung in der Ausbildung eines solchen Pferdes.

Die Grundprinzipien vorwärts und rückwärts zu kennen nützt nichts, wenn der Reiter kein gutes Urteilsvermögen walten läßt. Jedes Pferd muß entsprechend seines Temperaments behandelt werden. Es gibt Zeiten, wo man sie in Ruhe lassen und arbeiten lassen muß. Es gibt Zeiten, wo man sie sehr behutsam behandeln muß und solche, wo man grob werden muß. Es gibt nur eine Möglichkeit für einen Reiter, zu wissen, wann er sich wie verhalten muß, und das ist, jedes Pferd zu studieren und Erfahrung im Umgang mit Pferden zu sammeln.

Es ist besser, etwas langsam vorzugehen, als zu schnell, denn immer wenn ein Reiter drängt, macht er sie sauer.

Jedes Pferd kann nur ein bestimmtes Pensum erlernen, und wenn es gedrängt wird, kann es nicht behalten, was es bis dahin gelernt hat. Es wird konfus, und plötzlich kann es sich scheinbar an überhaupt nichts mehr erinnern. Es muß sauer werden und wird wahrscheinlich ruiniert werden.

BEGINN MIT DEM SET AND TURN

Der Set and Turn (Roll Back) ist sehr wichtig in der Ausbildung von Pferden, weil der Set and Turn elementar ist für die Arbeit des guten Rinderpferdes. Alles, was mit dem Pferd im Trainingsprozeß getan wird, zielt darauf ab, den Set and Turn auszubilden, so daß das Pferd es glatt und mit Leichtigkeit ausführen kann, wenn es fertig für die Bridle ist. Es bestimmt auch die Manier, in der es arbeitet.

Wenn die Pferde Fortschritte machen und besser reagieren und herumgaloppiert werden können, wohin auch immer der Reiter will, sind sie so weit, daß mit dem Training für den Set and Turn begonnen werden kann. Es dauert eine ganze Zeit, bis Pferde lernen, gut zu stoppen und zu wenden, und es dauert durchschnittlich acht bis zwölf Monate, bis sie fertig für die Bridle sind.

Als erstes muß man einen geeigneten Platz finden für die Arbeit am Set and Turn. Ein eckiger Corral ist gut oder entlang eines Plankenzauns oder einer Stallwand. Das Wenden gegen den Zaun oder Stall läßt sie kurz stoppen und wenden. Es ist besser, sie nicht um den Stall herum zu arbeiten, in dem sie gehalten werden, weil sie dann in den Stall wollen und nicht darauf achten, was der Reiter ihnen beibringen will.

Zuerst sollten sie etwas warmgeritten werden. Eine Zeitlang Galoppzirkel zu reiten ist dafür gut geeignet.

Dann galoppiere mit dem Pferd entlang des Zaunes oder der Stallwand in mäßigem Tempo. Nach etwa 15 oder 20 Metern gib ihm einen leichten Pull gerade zurück in Richtung Bauch, wenn seine Vorderbeine in der Luft sind. Zur selben

Abb. 17

Zeit sage „whoa", damit es lernt, nach einer Weile „whoa" mit Stoppen zu assoziieren. Das wird ihm helfen, das Stoppen zu lernen.

Wenn es sensibilisiert wurde, wird es diesen leichten Pull fühlen, und seine Hinterbeine werden etwas untersetzen. Der Reiter muß gleich wieder Slack geben, wenn er fühlt, daß die Hinterhand aufgrund des leichten Pulls etwas untergesetzt wird (Abb. 17).

Es darf nicht so stark gezogen werden, daß das Pferd die Nase hochwirft. Der Reiter kann es ausfühlen und fühlen, wie deutlich er die Zügelhilfe geben muß, daß es seine Nase nicht hochwirft, aber die Hinterhand etwas untersetzt.

Es wird nicht schnell sliden oder stoppen, aber sein Vorwärtsschwung wird bis zu einem gewissen Grad abgebremst. Nach dem Slack anschließend an den Pull darf es vier oder fünf Schritte gehen, bevor wieder eine Zügelhilfe kommt; dann bringe es so prompt wie möglich zum Stehen. Bringe es durch Tucking zum Halten.

Es mag sechs oder neun Meter nach dem Pull brauchen, bis es steht, aber das ist in Ordnung. Der Pull muß auf der Seite gegeben werden, wo der Zaun oder der Stall ist, und nach der Seite soll es auch gewendet werden.

Wenn es nicht auf die Hackamore reagiert, double es nach beiden Seiten aus dem Galopp heraus, damit es locker wird.

Beim Lehren des Set and Turns, laß das Pferd immer zum Stand kommen, bevor es gewendet wird. Laß es ein paar Sekunden warten, dann wende es. Das nennt man Dwell, und es lehrt es, auf das Zügelsignal zu warten, bevor es wendet. Nach einer Weile lernt es, daß es stoppen muß, bevor es wenden darf und wird von sich aus seinen Stop verkürzen.

DER DWELL

Der Dwell ist wichtig, wenn man den Pferden den Set and Turn beibringen will. Er ist eine Pause zwischen den Bewegungen bei lockerem Zügel, entweder nach einem Stop oder einer Drehung. Diese Pause ist länger als der gewöhnliche Slack zwischen den einzelnen Pulls beim schnellen Handhaben der Zügel. Das Pferd wird erzogen, auf das nächste Zügelsignal zu warten. Das kann ein paar Sekunden dauern oder ein paar Minuten. Wenn es gestoppt hat, wird ihm der Dwell abverlangt, bevor es wieder eine Zügelhilfe zum Wenden gibt. Nachdem Pull für den Stop läßt der Reiter das Pferd vier oder fünf Schritte tun, bevor er wieder die Zügel annimmt. Dieser Intervall zwischen dem ersten Pull und der Zeit, in der die Zügel erneut gehandhabt werden, wird später zum Dwell, wenn es in einer Bewegung in den Stand stoppt (Abb. 18).

Set und Turn werden immer zusammen verlangt.

Wende das Pferd, nachdem es gestoppt hat, mit leichten Pulls und Slacks zurück in die Richtung, aus der es kam, und halte dabei die innere Hand seitlich, daß es sie sehen kann. Nachdem es die Wendung zu zweidrittel ausgeführt hat, scheuche es ein wenig, so daß es mit der Zeit lernt, im Galopp aus der Wendung herauszukommen.

Abb. 18

Beim Wenden - und das ist wichtig - muß die Hand in einem solchen Winkel seitlich gehalten werden, daß es beim Wenden auf die Hinterhand gebracht wird; dann galoppiere es zurück in die Richtung, aus der es kam und mache dasselbe zur anderen Seite. Führe die Wendung immer nur mit einem Zügel aus (Abb. 19).

Es ist nicht gut, wenn man beim Wenden zu dicht an den Zaun oder den Stall oder das Hindernis gerät. Wenn es zu dicht dran ist, reite es etwas nach außen, und gib ihm Platz zum Wenden, denn wenn es zu dicht ist, mag es dort festklemmen oder lernen, zu steigen oder sich gegen Hackamore oder Gebiß zu stemmen.

Abb. 19

Für das Doubling laß es immer galoppieren, aber nicht zu schnell. Ergreife den Zügel etwa 30 cm unterhalb der Sattelfork, und während es galoppiert, gibst du ihm einen starken, harten Pull wenn seine Vorderbeine in der Luft sind; dann laß die Zügel locker. Wenn es dadurch nicht genug gebremst wurde, gibst du ihm einen weiteren Pull und Slack. Hat es so weit gestoppt, daß es wenden kann, bringe es mit leichten Pulls ganz herum und gallopiere es zurück, woher es kam. Dann double es zur anderen Seite.

Doubling zur rechten Zeit macht es aufmerksam. Zu viel Doubling ist schlechter als überhaupt kein Doubling, denn es mag seinen Kopf dem Reiter nach beiden Seiten entziehen und durchgehen. Es mag gegen die Hackamore kämpfen, indem es danach tritt, oder es mag dagegen gehen und sich weigern, auf irgendetwas zu reagieren.

Etwa drei Set-and-Turn-Versuche nach jeder Seite sind zu Beginn genug. Übertreibt man es, wird das Pferd sauer. Ist es einmal sauer, war alle Arbeit, die man bis dahin investiert hat, vergebens, und es braucht Zeit, bis es wieder so weit ist, wie es vordem war. Solange kann es nicht darin geübt werden, erst wieder, wenn es einigermaßen vergessen hat. Wenn man wieder damit anfängt, muß man sehr vorsichtig vorgehen.

Die Pulls und Slacks werden leichter, wenn das Pferd zu wenden lernt.

Nachdem das Pferd gelernt hat, die halbe Drehung recht gut auszuführen, darf der Reiter nicht versuchen, es zu spinnen oder ganz herumzudrehen. Es muß bereit sein für die volle Drehung, sonst verliert es die korrekte Positionierung.

Der Set and Turn soll nur ein paar Tage geübt werden und dann eine Weile nicht.

Der Reiter muß immer seine Pferde studieren, damit er sie nicht überarbeitet. Was er mit einem machen kann, kann er sich bei einem anderen möglicherweise nicht erlauben. Der Reiter muß immer ein gutes Urteilsvermögen beweisen. Ein Pferd ist mental nicht in der Lage, viel auf einmal aufzunehmen. Denke darum daran, wenn du es arbeitest, daß morgen auch noch ein Tag ist.

ZUSAMMENFASSUNG

1. Laß das Pferd nicht in voller Fahrt galoppieren.

2. Arbeite es gegen ein Hindernis, damit es lernt, kurz zu stoppen und zu wenden.

3. Reite es etwas warm, bevor du am Set und Turn arbeitest.

4. Ergreife einen Zügel nach fünfzehn oder achtzehn Metern, und wenn seine Vorderbeine in der Luft sind, gib ihm einen leichten Pull, sage „whoa", und laß den Zügel locker, wenn seine Hinterbeine etwas untergesetzt wurden. Nimm den Zügel in Richtung Bauch an.

5. Ziehe nicht so hart, daß es seine Nase hochwirft.

6. Zuerst wird es nicht sliden oder schnell stoppen.

7. Laß es vier oder fünft Schritte gehen, bevor die Zügel wieder angenommen werden; stoppe es mit

leichten Zügelhilfen. Wenn es sechs oder neun Meter über den Pull hinausgeht, macht das nichts.

8. Wenn es den Pull nicht fühlt, double es einmal auf jeder Seite.

9. Double es nie aus dem Stand heraus.

10. Doubling zur rechten Zeit macht es aufmerksam.

11. Double nicht, wenn es nicht nötig ist.

12. Bringe es zum Stand, bevor du es wendest, damit es auf den Zügel wartet.

13. Wende für das Drehen leichte Pulls und Slacks an, und laß es die Hand dabei sehen.

14. Halte die Hand in einem Winkel, der es beim Drehen auf die Hinterhand bringt. Wenn es einen Schritt zurück geht, wende es leicht aus dem Rückwärtsrichten heraus.

15. Halte es nicht aufgeregt.

16. Just bevor es ganz in die Richtung gewendet ist, aus der es kam, scheuche es ein wenig, so daß es lernt, im Galopp aus der Wendung zu springen.

17. Wende nicht zu dicht am Hindernis.

18. Versuche nicht, zu spinnen, es ganz herumzudrehen.

19. Versuche nicht, es mit den Zügeln in der Dre-

hung zu halten, sonst lernt es, sich auf die Hackamore zu legen.

Wenn Jungpferde immer an Rindern gearbeitet werden, braucht der Reiter nicht so darauf bedacht sein, daß sie die rechte Art von Arbeit bekommen, als wenn sie nicht an Rindern gearbeitet werden. Bei der Rinderarbeit sollten sie die leichten Aufgaben zu tun bekommen und nicht zu schnell oder zu lange gearbeitet werden, besonders dann nicht, wenn sie müde sind.

Im Verlauf der täglichen Arbeit kann der Reiter eine gute Stelle finden, wo er ein paarmal den Set and Turn üben kann, wie der Boden einer Schlucht, wo es ziemlich eben und weich ist und wo er ein Ufer hat, gegen das er sie arbeiten kann.

Sie müssen auch ohne Rinder im Set and Turn gearbeitet werden, und die Zügel müssen dabei immer in derselben Weise gehandhabt werden. Sie müssen gezirkelt werden, ob mit oder ohne Rinder, denn das hält sie am losen Zügel laufend.

SNAFFLE BIT, SET AND TURN

Mit dem Snaffle Bit ist die Methode praktisch dieselbe wie mit der Hackamore. Beim Snaffle Bit muß der Reiter mehr auf die Kopfposition achten. Das Maul des Pferdes kann schnell hart werden, weil das Gebiß dauernd durch das Maul gleitet. Ständiger Zügelzug läßt ihre Mäuler schnell abstumpfen.

Sie sollten nicht im Set and Turn gearbeitet werden, wenn sie mit dem Gebiß nicht gut tucken.

Wenn sie beim Stoppen nicht auf den leichten Pull reagieren wollen, nimm den Kopf ein wenig zu einer Seite.

Wenn der Reiter bei der Hackamore den Kopf etwas zu einer Seite nimmt, lehrt er sie, sich mit dem Kopf zu entziehen. Beim Snaffle Bit macht es keinen Unterschied.

Der Kinnriemen sollte so verschnallt sein, daß die Ringe des Gebisses beim Pulling nicht die Maulwinkel wundscheuert, und das Kopfstück muß recht eng anliegen.

TÄGLICHE ARBEIT

Wenn er Rinder arbeitet, sollte der Reiter seine Pferde nicht zu schnell arbeiten und sie nicht hinter einem Rind her volles Tempo rennen lassen.

Wenn der Reiter das Pferd volles Tempo rennen läßt, wird er finden, daß er mit den Zügeln am Pferdekopf hängt, was das Pferd hart macht in der Hackamore. Es verdirbt es auch bezüglich des Laufens am losen Zügel, was es durch das Zirkeln gelernt hat.

Wenn die Pferde schon gut gehen, weiß der Reiter, wie schnell er sie laufen lassen kann, ohne sie aufzuregen. Wenn sie besser werden, können sie auch schneller gearbeitet werden.

Wenn der Reiter ziemlich dicht an einem Rind ist, daß er abblocken will, und das Pferd schnelle Stops machen muß, darf er sich nie vergessen und starken, andauernden Zügelzug ausüben, denn wenn er das ein paarmal macht, ruiniert er die Kopfposition für immer.

Wenn der Reiter hart pullt, geht er wieder auf pure Gewaltanwendung zurück und vergißt die Grundprinzipien. Dasselbe System der Zügelhandhabung muß durch das gesamte Training beibehalten werden.

Er muß einen Zügel nehmen und Pull und Slack und Pull und Slack geben und dabei die Hand etwas seitlich halten, so daß das Pferd sie sehen kann.

Ein Pferd kann die Hand sehen, wenn sie etwas seitlich vom Bein und ein wenig unterhalb der Reiterhüfte ist.

Wenn das Pferd nicht verlangsamt, muß der Reiter an einem Zügel hinuntergreifen und es mit einem harten, starken Pull und Slack doubeln. Dieser eine Pull sollte es weitgehend stoppen, wenn es weiß, was ein richtiger Double ist; dann wird mit leichten Pulls und Slacks vollendet.

Wenn der Reiter das Pferd öfter als zwei oder dreimal doubeln muß, sollte er es zu dem Zeitpunkt nicht mehr tun, sondern es durch Zirkeln wieder unter Kontrolle bringen. Ist das Pferd zu schnell für eine Gruppe langsamer Rinder, führt das zum Kopfnicken, und der Reiter sollte es mit anstehendem Zügel zurückhalten.

Kopfnicken wird schnell zur Gewohnheit, kann aber wieder korrigiert werden, wenn das Pferd eine Weile am losen Zügel mit leichten Pulls und Slacks geritten wird. Es wird zur Gewohnheit, den ständigen Zügelzug zu suchen.

Ein Pferd zu reiten, das für eine Gruppe langsamer Rinder zu schnell ist, ist sehr nervenaufreibend und sollte nicht hinter Rindern gehen, bis es langsamer geworden ist.

Zirkel machen es langsamer, besser als alles andere, denn es findet schnell heraus, daß es nirgendwo hinkommt und lernt, am losen Zügel zu laufen.

Wenn ein Pferd viel Temperament hat, ist das kein Fehler. Ein Pferd mit viel Temperament kann genauso ruhig sein wie ein träges, und wenn seine Ausbildung abgeschlossen ist, wird es ein besseres Pferd sein als das träge. Es obliegt dem Reiter, dafür zu sorgen, daß sein überschüssiges Temperament nicht in falsche Bahnen läuft.

Der Reiter sollte seine Jungpferde an einem Rind im freien Gelände arbeiten und das so viel wie möglich tun. Er sollte hinter einen Jährling, eine Zweijährige oder eine kräftige, alte Kuh gehen und ihr folgen, bis sie langsamer wird. Nachdem sie eine Atempause hatte, geht er wieder dahinter. Das Tier wird jetzt nicht schnell laufen, und der Reiter sollte es eine Weile wenden und nach beiden Seiten zirkeln (Abb. 20).

Abb. 20

Dann suche dir ein anderes Tier, denn das erste wird erstmal genug haben, und mache dasselbe, solange das Pferd noch frisch ist.

Bringe es dicht an die Kuh beim Zirkeln, und zirkele das Tier nach beiden Seiten; laß das Tier in kleinen Zirkeln laufen (Abb. 21).

Das Pferd lernt, dem Tier zu folgen und gleichzeitig, es zu bedrängen.

Abb. 21

Das muß immer beachtet werden: Wenn ein Tier in kleinen Zirkeln getrieben wird, muß die Schulter des Pferdes auf Höhe der Schulter oder des Halses des Tieres sein. Das Pferd bleibt dann unbehelligt, wenn das Rind einmal fallen sollte, und fällt nicht selbst. Wenn das Rind hinter der Schulter bedrängt wird und fällt, fällt wahrscheinlich das Pferd über das Rind und kann den Reiter verletzen.

Arbeite es immer am Rind wenn es frisch ist. Übertreibe es nicht. Zwei Tiere nacheinander ist genug. Achte darauf, daß das Pferd nicht sauer wird.

Auch wenn die Pferde nun von Tag zu Tag Fortschritte machen, sollen sie nicht jedesmal, wenn sie geritten werden, an Rindern arbeiten. Zwischendurch muß man mit ihnen am Set and Turn arbeiten, ohne Rinder.

Set and Turn sollten etwa viermal nach jeder Seite geübt werden, und der Reiter muß immer aufpassen, daß er das Pferd nicht sauer macht.

Ob bei der Arbeit mit oder ohne Rind - versuche immer, die korrekte Kopfposition beizubehalten. Ob mit Hackamore oder Snaffle Bit, die Kopfposition wird durch Tucking erhalten.

Beim Stoppen wird der lange Zügel gerade genug angenommen, daß die Nase herunterkommt, nicht mehr. Wenn die Zügel so gehandhabt werden, bringt das auch die Tendenz mit sich, den Stop gerade zu halten.

Will ein Pferd die Nase hochwerfen, wenn es auf einem Zügel gestoppt wird, fange es schnell mit dem anderen Zügel ein, just genug, um seine Nase herunterzubringen, das ist alles. Drehe es mit leichten Pulls und Slacks, mit der Hand außen zur Seite und in einem Winkel, der es auf die Hinterhand bringt.

Es nach dem ersten Pull vier oder fünf Schritte laufen zu lassen, bevor die Zügel erneut bedient werden, geschieht darum, daß es nach einer Weile auf ein neues Signal wartet nach dem ersten Pull und Slack, und es verkürzt seinen Stop von sich aus.

Diese vier oder fünf Schritte nach dem Pull werden zum Dwell, wenn das Pferd beginnt, in einer Bewegung zu stoppen.

Nachdem es begonnen hat, in einer Bewegung durchzustoppen, wird die Zeitspanne, die der Reiter ihm für den Dwell gibt, mit der Zeit immer kürzer. Der Reiter beurteilt das selbst automatisch.

Versuche nicht, es direkt nach dem ersten Pull und Slack

durch weitere Pulls und Slacks schnell zum Stehen zu bekommen, denn das bringt es zum Bouncen und verdirbt seinen Slide.

Das Arbeiten gegen einen Zaun oder eine Stallwand lehrt es, auf der Hinterhand zu wenden und seinen Stop zu verkürzen und gerade zu stoppen.

Arbeite nicht zuviel am Set and Turn in langen Perioden ständigen Reitens oder während individueller Ritte, denn ihre Sprunggelenke und Füße schmerzen sonst, was dazu führt, daß sie ihre Hinterbeine schonen wollen und ihre Arbeitsmanier verdorben wird. Das gilt besonders bei hartem, trockenem Boden.

Abb. 22

Ein Reiter sollte in diesem Stadium niemals versuchen, den Pferden etwas in Perfektion abzuverlangen, bevor er einen Ritt beendet. Wenn er das tut, macht er sie mit Sicherheit sauer. Er sollte so leicht und behutsam mit ihnen vorgehen wie möglich und sie zugleich doch zur rechten Zeit aufmerksam machen.

ANLEITUNG ZUR ERHALTUNG DER KOPFPOSITION

Der Reiter darf keinen der folgenden Fehler begehen, wenn er Pferde den Stop oder Set lehrt, oder sie werden ihre Nasen in die Luft werfen (Abb. 22):

1. Zu starker Zügelzug.

2. Slack nicht schnell genug gegeben nach dem Pull.

3. Pull nicht gegeben, wenn die Vorderbeine vom Boden weg sind; schnapp' sie dir in der Luft, wenn du den Pull für den Stop gibst.

Die beiden häufigsten Ursachen für das Nasehochwerfen sind zu harte Pulls und Slacks, die nicht schnell genug nach dem Pull gegeben werden; mit anderen Worten Versuche, sie zu sliden oder schneller stoppen zu lassen.

SNAFFLE BIT

Mit dem Snaffle muß ein Reiter immer Fühlung mit dem Maul halten, wenn er das Pferd arbeitet, und darf es nicht mit Muskelkraft lenken. Durch starken Zügelzug wird ein Pferd hartmäulig, es bekommt Schwielen auf den Laden des Unterkiefers.

Es ist zwecklos, mit dem Snaffle Bit Kopfposition zu erhalten versuchen, wenn die Ritte zu lang sind. Wenn ein Reiter auf einem Jungpferd einen langen Ritt machen und anschließend, wenn es schon müde ist, mithelfen muß, Rinder zu arbeiten, wird er keine feine Arbeit leisten können.

Unter diesen Bedingungen wäre es besser, Running Rings zu benutzen, obwohl man diese nicht dauernd braucht.

Running Rings müssen angelegt werden, bevor ein Pferd gelernt hat, seine Nase hochzuwerfen, sonst nützen sie nichts. Wenn die Nase erstmals hochkommen will, müssen sie verwandt werden.

Man sollte die langen Running Rings benutzen; sie bestehen aus einem zollbreiten Riemen, der in der Mitte gespalten ist bis wenige Zoll vor dem Ende und am Ende einen Haken hat. Dieser läuft zwischen den Vorderbeinen durch und wird am Ring des Bauchgurtes befestigt, und die beiden gespaltenen Enden haben höhenverstellbare Ringe. Diese Art Ringe geben dem Pferd mehr Kopffreiheit (manchmal Running Martingale genannt).

INDIVIDUELLE CHARAKTEREIGENSCHAFTEN

Der Reiter weiß, daß jedes Pferd in seiner Gruppe von der Persönlichkeit und dem Temperament her anders ist, und er kennt jedes der Pferde. Er weiß automatisch, wie jedes der Pferde auf gewisse Dinge reagieren wird und daß er mit dem einen nicht auf eine bestimmte Art tun kann, was er mit einem anderen so machen kann, auch wenn sie Vollbrüder sein sollten. Er muß den anderen anders behandeln, um dieselben Resultate zu erreichen.

Mit einem kann zum Beispiel an einer bestimmten Sache lange geübt werden, ohne daß es sauer wird, und ein anderes wird in der halben Zeit sauer.

Die Pferde unterscheiden sich zu dieser Zeit in der Art, in der sie arbeiten, ob mit Hackamore oder Snaffle Bit. Manche sind flexibel im Hals und andere nicht.

Die im Hals flexiblen kommen mit Kopf und Hals weit seitlich herum beim Wenden, aber alle werden nach dem Ein-Zügel-Prinzip gewendet, mit der Hand seitlich sichtbar und im korrekten Winkel, der sie in der Wendung zurück auf die Hinterhand bringt, immer mit leichten Pulls und Slacks (Abb. 23).

Der Reiter sollte nicht versuchen, sie mit den Zügeln gerade zu halten - wenn sie später schneller wenden, werden sie mit dem Kopf nicht mehr seitlich herumkommen.

Manche neigen dazu, bei der Arbeit etwas steif zu sein. Wenn sie wenden, biegen sie Kopf und Hals überhaupt nicht herum. Und obwohl sie sehr leicht in der Hackamore sind und leicht und schnell herumkommen und leicht gedoubelt werden können, wenden sie mit völlig geradem Körper (Abb. 24).

Abb. 23

Abb. 24

Diese Pferde geben der Hackamore nicht korrekt nach. Wenn ein Pferd der Hackamore korrekt nachgibt, kommt seine Nase auf einen leichten Pull ein wenig zur Seite herum, oder sein Hals biegt sich ein wenig direkt hinter den Ohren, wenn seine Nase eingezogen wird und zur Seite kommt. Wenn es zu stoppen gelernt hat, kommt auch seine Hinterhand etwas drunter.

Alle werden in diesem Stadium nach dem Ein-Zügel-Prinzip geritten, gleich wie sie die Dinge tun, weil dieses Prinzip sie lehrt, auf der Hinterhand zu wenden, mit den Vorderfüßen in der Luft.

Manche von ihnen mögen natürliche Slider sein und andere von Natur aus Prop-Setter. Die natürlichen Slider lassen dem Reiter viel Zeit, um die Zügel zu bedienen, aber die Prop-Setter nicht. Man muß aufpassen, wenn man sie alle das Stoppen lehrt, daß man sie genau richtig erwischt, wenn sie in der Luft sind, damit sie nicht bouncen. Sie müssen alle der Hackamore nachgeben, sie fühlen, besonders die Prop-Setter.

Alle werden sliden, wenn die Zügelhilfen sorgfältig gegeben werden.

Praktisch alle Hackamore-Pferde stumpfen mit der Zeit ab in der Hackamore, obwohl es Ausnahmen gibt, und das ist der Grund, weshalb sie in den Doppelzügeln gearbeitet werden müssen, sobald sie zu arbeiten verstehen.

Wenn ein gutes Hackamore-Pferd hart (abgestumpft) wurde, kann es durch nichts mehr sensibilisiert werden, nicht durch Doubling, durch Herumzerren oder Einschüchtern, denn es kennt alles. Vielleicht ist es müde geworden, der Hackamore dauernd strikte Aufmerksamkeit zu zollen. Es mag eine Form des Sauer-Seins sein.

Wurde ein solches Pferd noch nicht in der Bridle gestartet, reite es mit einer Hair Hackamore, zur Hälfte aus Mähnen- und zur Hälfte aus Schweifhaaren. In ein paar Tagen wird es damit sensibler werden. Reagiert es wieder leichter, benutze wieder eine reguläre Hackamore.

Wenn es in den Doppelzügeln abstumpft, kann man ebenfalls einen Hair Bosal benutzen, bis es sensibler reagiert; dann nimm wieder einen regulären Bosal. Benutze den Hair Bosal nicht ständig, sonst hat er nach einer Weile keinen Effekt mehr und macht es hart, außerdem kann er zu Schweifschlagen führen.

Ein Bosal wird beim Aufzäumen auf Kandare benutzt, d.h. Doppelzügel. Er ist genauso gearbeitet wie eine Hackamore, nur von geringerem Durchmesser, damit er zwischen die Seiten der Pferdenase und die nach außen gebogenen Enden des Gebisses paßt. Er hat einen Durchmesser von etwa 3/8 Zoll oder weniger, damit er nicht die Haut im Gesicht des Pferdes abscheuert. Alles, was einen größeren Durchmesser hat, ist nach üblichem Sprachgebrauch eine Hackamore, auch wenn es technisch dasselbe ist. Quien sabe?

Wenn ein Pferd schön leicht reagiert, ist es besser, eine dünnere Hackamore zu verwenden, denn die schwere würde es abstumpfen.

Ein Reiter sollte eine schwere, steife Hackamore besitzen, die innen einen Kern hat; außerdem eine schwere, weiche Hackamore, eine mittelgroße, weiche Hackamore, eine leichte, steife Hackamore und eine leichte, steife Hackamore, die etwas größer als ein Bosal ist, einen schweren und einen leichten Bosal und eine Hair Hackamore und einen Hair Bosal.

Er wird praktisch immer nur einige davon benutzen, aber wenn er irgendeine der anderen braucht, wird er sie sofort nötig haben.

DAS VERHÄLTNIS DES DOUBLINGS UND DER WENDUNG

Doubling besteht aus einem starken, harten Pull und Slack, um das Pferd zu wenden, wenn es gedoubelt werden muß, sei es im Stand, Schritt, langsamem Tempo, Galopp oder schnellem Galopp (Abb. 25).

Das Pferd lernt zu sliden und zu wenden durch den Gebrauch des Doublings. Ein leichter Pull am Zügel, und das Pferd slidet; ein leichter Pull zur Seite auf einem Zügel, und das Pferd wendet um 180 Grad, mit den Vorderbeinen in der Luft.

So bringt die Wendung gegen ein Hindernis, wo es die Wendung knapp ausführen muß, und der Pull auf einem Zügel das Pferd herum, mit den Vorderfüßen vom Boden weg.

Es bedarf nur eines Pulls und Slacks, wenn der Reiter es in der Wendung flott macht, und das Pferd wendet korrekt.

Das Wichtigste ist, nicht den Zügel angezogen zu halten, wenn es die Wendung begonnen hat.

An den Zügeln zu hängen macht die Wendung aufgrund nur eines Touches unmöglich. Nachdem das Pferd weiß, wie es wenden muß, braucht es nicht mehr gegen ein Hindernis gewendet werden, nur dann, wenn es dies mal nicht korrekt tun will.

Abb. 25 u. 26

PULLING WÄHREND DER DREHUNG

Am Anfang wurde gesagt, daß der Reiter ein grünes Pferd nicht im Stand oder langsamen Tempo doubeln darf. Jetzt, wo das Pferd weiß, wie es aufgrund des Doublings herumkommen muß, ist die Gefahr nicht mehr groß, daß es beim Pullen steigt.

Der Grund für das Steigen ist, daß die grünen Pferde ihre Füße falsch setzen für die Wendung, und wenn sie dann hart gepullt werden, können sie nur steigen.

Viele Pferde brauchen lange, um die richtige Fußposition zu finden, und wenn ein Reiter pullt, ohne daß es vorbereitet war, wird es steigen. Wenn das passiert, muß es schnell vorwärts geschickt werden, und wenn es in Bewegung ist, wird es gedoubelt, so daß es seine Fußposition finden und herumkommen kann.

Steigen wird schnell zur Gewohnheit und sollte immer vermieden werden. Hat ein Pferd gelernt zu steigen, wird es irgendwann, wenn der Reiter eine Auseinandersetzung mit ihm hat, wieder steigen.

In dem jetzigen Stadium kann ein Pferd auch in langsamem Tempo gedoubelt werden, im Schritt und selbst im Stand. Wenn es einen Pull nötig hat, sollte es immer gewarnt werden, bevor es einen harten Pull erhält.

Gib ihm einen leichten Pull, um es in die Bewegung zu bekommen; dann, wenn es herumkommt, pull einmal hart und gib ihm Slack, und laß seinen Kopf sich wieder geraderichten. Wenn er wieder geradegerichtet ist und seine Vorderbeine wieder den Boden berühren, gib ihm wieder einen harten Pull und wieder einen, bis es eine komplette Drehung ausgeführt hat oder jedenfalls nicht mehr als drei halbe Drehungen. Nach jedem Pull und vor dem nächsten Pull laß den Zügel wieder völlig locker, und hänge nicht am Zügel. Gib ihm die Möglichkeit, seinen Kopf zwischen den Pulls wieder geradezurichten (Abb. 26).

Wenn möglich, sollte es auf diese Weise gegen ein Hindernis gepullt werden.

Seine Vorderbeine werden sich vom Boden lösen, wenn es herumkommt. Der Reiter erfühlt den Kopf des Pferdes wenn er pullt, pullt so, daß die Vorderbeine beim Drehen vom Boden kommen, und er pullt nicht so, daß es eine Serie harter Rucke ist, ohne daß das Pferd mit jedem Pull die Chance hat, herumzukommen.

Die harten Rucke würden nur bedeuten, daß man mit dem Pferd kämpft, ohne ihm die Chance zu geben, mit jedem Pull herumzukommen. Der Zügel soll nicht zu hart an seiner Backe reißen, wenn gepullt wird, obwohl nach jedem Pull der Zügel wieder durchhängen muß.

Gib ihm eine Chance, mit jedem Pull herumzukommen.

Zuviel von diesem Pulling läßt seine Nase hochfliegen. Mit dem Snaffle Bit wird genauso gepullt wie mit der Hackamore.

DAS MUSS IN ERINNERUNG BEHALTEN WERDEN:

Auf diese Weise zu pullen hilft, die Füße des Pferdes für die Drehungen zu positionieren.

Wenn das Pferd rennt, pull mit einem Pull und Slack; dann vollende die Wendung mit leichten

Pulls. Das läßt es seine Hinterhand untersetzen, so daß es zu sliden lernt.

DAS BESCHLEUNIGEN DER DREHUNG

Ein Pferd ist dann so weit, daß seine Drehung beschleunigt werden kann, wenn es langsam auf seinen Hinterfüßen dreht. Der Winkel, in dem die Hand zur Seite gehalten wurde, hat es auf die Hinterhand gebracht, und es dreht korrekt in langsamem Tempo aufgrund von einem oder zwei leichten Pulls und Slacks.

Die leichten Pulls und Slacks wurden auf einen oder wenige verringert; nun, wo es auf der Hinterhand dreht, kann es beschleunigt werden. Obwohl es manchen nichts ausmacht, können doch die, welche einmal außer Position geraten oder konfus werden, sich erinnern, wie gedreht wird.

Wenn es sich um gutgezogene, hochblütige Pferde handelt, muß man sehr behutsam vorgehen. Ein Reiter kann ein Pferd durch Furcht und den Gebrauch der Gerte lebendiger machen, als ihm lieb ist. Ein kleiner Klaps hat bei diesen Pferden eine große, langanhaltende Wirkung. Wenn der Reiter etwas findet, was ein Geräusch macht, ohne zu beißen, ist das besser zu gebrauchen als eine Gerte oder ein Quirt.

Der Reiter schickt es entlang eines Holzzaunes, eines Stalls oder eines Ufers, um dagegen wenden zu können. Er hält das, womit er dem Pferd einen Klaps geben will, in der Hand, die der Richtung, in die er wenden will, gegenüber liegt.

Wenn er nach links wenden will, sollte er den Quirt oder die Gerte in der rechten Hand halten. Halte es dicht genug am Hindernis, so daß es knapp wenden muß.

Beginne die Wendung leicht, und wenn es halb herum ist, gib ihm einen Klaps auf die Schulter und laß die Zügel völlig locker. Wenn es herum ist und sich gerade macht und in die Richtung schaut, aus der es kam, gib ihm eins über die Kruppe. Wenn ein Quirt benutzt wird, muß man aufpassen, daß man nicht zu hart schlägt (Abb. 27).

Es wird überrascht sein und losspritzen. Verlangsame es wieder und stoppe es leicht. Wenn es ein hochblütiges Pferd ist, rege es nicht zu sehr auf.

Abb. 27

Hat es sich sehr erschrocken oder aufgeregt, muß es sich wieder völlig beruhigen können, bevor dies zur anderen Seite wiederholt wird. Wenn es ruhig ist, mache dasselbe zur anderen Seite. Beruhige es dann, indem du mit ihm einen langsamen Ausritt machst, für eine Stunde oder so. Dann sattele ab für den Tag.

Mit weniger nervigen Pferden ist dies leichter. Der Reiter muß seine Pferde so ruhig wie möglich halten.

Wenn es wieder geritten wird, sollte der Reiter es wieder gegen ein Hindernis bringen, es mit einem leichten Pull wenden und, wenn es die Wendung begonnen hat, es mit einer Körperbewegung leicht scheuchen, und es wird sich mit einem leichten Touch am Zügel herumschleudern und herausspringen.

Hiernach sollte der Reiter das Pferd nicht dauernd schnell wenden, sonst wird es diesem überdrüssig und sauer. Er muß dem Pferd bei der Wendung immer durch die Bewegung seines Körpers helfen.

Wenn das Pferd nicht an schnellen Wendungen gearbeitet werden muß, wende es nicht schnell, nur weil es dies tun kann. Dann kann es schnell gewendet werden, wenn dies gebraucht wird.

Zu diesem Zeitpunkt sollte der Reiter das Pferd immer im Galopp aus der Wendung springen und ein paar Sprünge galoppieren lassen, bevor er es wieder stoppt oder erneut wendet, wenn das möglich ist.

Das Beschleunigen hat die biegehalsigen Pferde weitgehend geradegerichtet, aber ihre Hälse biegen sich noch immer etwas, und das soll auch so sein, denn sie arbeiten nicht völlig geradegerichtet bevor sie nicht weiter fortgeschritten sind.

Das Beschleunigen der Wendung fixiert diese in ihrem Kopf, so daß sie das erinnern. Wenn man dies nicht macht, kommen die Pferde manchmal auf die Idee, daß sie gar nicht wenden müssen.

Das Pferd muß wenden, wenn der Reiter dies will, und nicht nur, wenn das Pferd Lust hat.

Bediene den Zügel immer mit Touch und Slack und nicht stärker oder leichter als es der Sensibilität des Kopfes entspricht.

POSITIONIERUNG DER BEINE DURCH ZIRKELN

Von nun an kann seine Drehung verkürzt werden, wenn das Pferd gezirkelt wird. Die Drehung verkürzen bedeutet, daß ein recht großer Zirkel geritten wird, sagen wir 15 Meter im Durchmesser, und dieser graduell zu einem kleinen Zirkel verringert wird. Nach mehreren Zirkeln in einer Richtung galoppiere es ohne zu stoppen in die andere und verkleinere den Zirkel wiederum.

Am Anfang hat es gelernt, mit den Vorderbeinen den Galopp zu wechseln, aber wenn der Zirkel verkleinert wird, wird es beim Wechseln noch etwas unbeholfen sein. Durch das Verkleinern der Zirkel hilft der kleine Zirkel viel, seine Hinterbeine für das Drehen zu positionieren.

Es wird nicht lange dauern, bis es durch enge Galopp-Achten gelernt hat, den Galopp zu wechseln, aber es braucht lange Zirkelarbeit, bis es sehr kleine Zirkel galoppieren kann. Zu keinem Zeitpunkt darf versucht werden, das mit Gewalt zu erreichen, denn es kann seinem Kopf nicht herum folgen, bevor es gelernt hat, wie es seine Beine setzen muß.

Es wird gelenkt wie gehabt, durch einen Zügel, mit der Hand seitlich, wo es sie sehen kann, und leichte Pulls und Slacks und der Hand im richtigen Winkel, der es so stark einwärts lenkt, wie der Reiter gehen will.

Wenn das Pferd auf kleinem Zirkel galoppiert wird, kann der Reiter merken, ob es Probleme hat mit der Größe des Zirkels. Wenn es gut klappt, bringe es ab und zu noch enger herum oder für zwei Sprünge sehr eng, und reite es dann wieder hinaus in einen größeren Zirkel.

Wenn es einen engen Zirkel galoppiert, kann der Reiter ihm durch die Bewegung seines Körpers helfen, im Galopp zu bleiben. Im Galopp geht der Reiterkörper vor und zurück, mit der Bewegung des Pferdes.

Abb. 28

Wenn kleine Zirkel galoppiert werden und das Pferd Probleme in den Kurven hat, wird es in Trab fallen wollen, und der Reiter kann ihm helfen, im Galopp zu bleiben, indem er mit seinem Körper den Bewegungen des Pferdes entsprechend vor und zurück geht.

Es braucht eine recht lange Zeit, bis es einen wirklich kleinen Zirkel von 1,20 m oder 1,80 m galoppieren kann, und wenn es das schafft, kann der Reiter es in eine halbe Drehung verkürzen und es in einen Spin aufwinden (Abb. 28).

Beim Reiten arbeitet der Reiter mit Pull und Slack, und nachdem er es zu einem engen Zirkel aufgewunden hat, muß er es mit jedem Pull und Slack timen. Wenn seine Vorderbeine bald den Boden berühren, muß der Reiter Fühlung aufnehmen, und wenn die den Boden berühren, pullt-und-slackt er es enger herein.

Wenn der Reiter die Pferde zuerst aus dem sehr engen Zirkel in eine halbe Drehung bringt, muß er aufpassen, daß er sie nicht bedrängt etwas zu tun, wozu sie noch nicht fähig sind.

Kann das Pferd die halbe Drehung ausführen, ist es in der Position, eine komplette Drehung auszuführen. Wenn es dies fein macht, kann eine weitere versucht werden, obwohl seine dritte halbe Drehung nicht mehr gut sein mag; aber es wird mit den Vorderbeinen in der Luft herumkommen.

Laß es immer im Galopp aus der letzten halben Drehung herausspringen und ohne Stoppen in Galoppzirkel auf der anderen Hand übergehen. Führe dasselbe zur anderen Seite aus, sonst wird es einseitig.

Es mag recht lange dauern, seine Füße hierfür zu positionieren, und solange kann an anderem gearbeitet werden.

6

DER SPIN

Der Spin ist eine Wiederholung der halben Drehung. Das Pferd muß nach jeder halben Drehung erneut seine Vorderbeine einsetzen, um die nächste zu beginnen. Seine Hinterbeine müssen in der richtigen Position sein, sonst kann es das nicht ausführen. Das Pferd balanciert sich während des Spins auf den Hinterbeinen, und dazu müssen seine Hinterhufe weit genug untergesetzt sein.

Wenn das Pferd aufgrund eines leichten Pulls und Slacks eine halbe Drehung macht, kann es mit einem weiteren leichten Pull und Slack eine weitere halbe Drehung ausführen und wird das auch tun. Man muß ihm Gelegenheit zum Üben geben. Dem Pferd darf dies nie so lange abverlangt werden, daß es sauer wird, sonst wird es auf lange Sicht dabei mit dem Reiter kämpfen.

Drehe halb herum gegen ein Hindernis; wenn es herausspringen will, nimm es mit einem Zügel auf, und wenn seine Vorderfüße den Boden berühren, gib ihm einen weiteren Pull, damit es nochmals dreht. Diese Pulls, mit denen es gedreht wird, dürfen nicht stärker sein, als es der Sensibilität seines Kopfes entspricht. Halte die Zügelhand in einem Winkel, der es beim Drehen zurück auf die Hinterhand bringt.

Bei der zweiten halben Drehung ist kein Hindernis da, gegen das es drehen kann, und der Reiter muß ihm einen weiteren leichten Pull geben, wenn seine Vorderhufe den Boden berühren. Es mag mehrerer leichter Pulls und Slacks bedürfen, um die zweite halbe Drehung auszuführen, und der Reiter muß es etwas treiben dabei und es auf der Hinterhand drehend halten. Wenn es die zweite halbe Drehung vollendet hat, kann es wieder gegen das Hindernis gewendet werden, gegen das die Drehungen begonnen wurden.

Bei der dritten und letzten halben Drehung muß es besonders angetrieben werden, und wenn es herauskommt, sollte es einen Klaps auf die Kruppe bekommen, der es mit Schwung aus der Drehung springen läßt.

Laß es immer aus der letzten Drehung hinausspringen, dann wird es nicht außer Position geraten und auf der Stelle festhaken.

Wenn das Pferd so gearbeitet ist, darf man es nicht übertreiben, denn es muß herausfinden, was es mit all dem auf sich hat. Übe dies ab und an, und wenn man ihm genug Zeit gibt, wird es die Sache richtig machen.

Wenn man es übertreibt, biegt es den Kopf und Hals etwas zur Seite herum, bevor es dreht. Das führt zu einer ungenügenden Drehung. Der Reiter muß die Übung beenden, bevor es damit anfängt.

Immer wenn es gut gearbeitet hat und dann plötzlich schlechter wird, muß der Reiter den Fehler bei sich suchen und nicht beim Pferd, denn dann hat er es übertrieben. Er muß zurückdenken und herauszufinden suchen, wo er den Fehler begangen hat, und ihn künftig zu vermeiden trachten.

In diesem Stadium haben die Pferde gestoppt und gedreht und wissen mehr oder weniger, was man von ihnen will. Sie sliden nicht weit und stoppen nicht schnell, aber sie sollten es schon recht gut machen.

Dann und wann sollte der Reiter das Pferd in eine Ecke oder gegen ein Hindernis rennen und stoppen lassen. Just bevor das Pferd die Ecke erreicht und von sich aus stoppen wird, gibt man ihm einen guten Pull gerade zurück, wenn die Vorderbeine in der Luft sind, aber nicht hart genug, daß es dadurch gedoubelt oder daß sein Kopf dadurch zur Seite genommen würde.

Das dient dazu, daß es seine Hinterbeine weiter unter sich stößt und daß es herausfindet, daß es seine Hinterbeine unter sich setzen kann. Das wird ihm helfen, das Sliden zu erlernen.

Wenn es zuviel gerade in einen Zaun oder gegen eine Wand galoppiert wird, wird es nach einer Weile versuchen, zur Seite wegzuducken, und das lenkt es davon ab, was der Reiter ihm beizubringen versucht.

Abb. 29

7

EIN TIER ARBEITEN

Der Reiter sollte so oft seine Pferde an einem Tier (einem Rind) arbeiten, wie möglich, ohne daß sie sauer werden. Er sollte sie auf weichem, ebenem Boden arbeiten, damit sie mit den Füßen nirgendwo hängen bleiben, wenn sie zu sliden beginnen.

Wenn sie keine Furcht mehr vor einem Stück Vieh haben und dicht an es herangehen und ihm folgen und es treiben, sollte der Reiter damit nicht weitermachen, denn sie werden nicht am Tier vorbeigleiten wollen, wenn der Reiter sie im Set and Turn arbeitet.

Sie werden zu diesem Zeitpunkt auf ein Tier achten. Wenn ein Pferd an einem Tier vorbei ist, wird es eilig sein, wieder zu ihm aufzuschließen. Wenn es etwas am Tier vorbeigegangen ist, wird das Tier zum Pferd hin wenden, anstatt vom Pferd weg. Dann muß das Pferd stoppen und wenden, um zurück zum Tier zu kommen.

Wenn es an einem Tier vorbei ist, sollte der Reiter es mit leichten Pulls und Slacks auf einem Zügel arbeiten, den Zügel dabei tief halten und etwas zur Seite, am Reiterbein; das Pferd kann die Hand dort sehen.

Wenn es zu weit gehen will, ohne zu stoppen oder zu verlangsamen, kann der Reiter es mit schwereren Pulls und Slacks auf einem Zügel herumbringen. Die Pulls müssen möglicherweise stärker sein, um es herumzubringen, so daß es wieder dem Tier folgen kann (Abb. 30).

Abb. 30

Abb. 31

Double nicht, es sei denn, es ist notwendig, oder es sei denn, es will nicht aufpassen. Doubling lenkt es ab von dem, was der Reiter ihm beibringen will.

Die Zügel müssen immer nach demselben System oder Grundprinzip bedient werden, und der Reiter darf das nicht vergessen und es auf irgendeine Weise zu stoppen versuchen.

Der Reiter darf hierbei den anderen Zügel überhaupt nicht gebrauchen, selbst wenn die Pferdenase etwas hochkommen sollte, während es gewendet wird, hinter dem Tier her, und er muß die Pulls immer der Sensibilität des Pferdekopfes anpassen.

Das Pferd wird beobachten, und es wird schon bald kurz stoppen, um zurück zum Tier zu kommen. Wenn es das tut, macht es kurze Stops. Fange es schnell mit dem anderen Zügel ein, nach dem angenommenen Zügel, um seine Nase hereinzuholen, aber nicht mehr (Abb. 31).

Gib Slack, nachdem seine Hinterbeine untergesetzt haben, und wende dann auf einem Zügel, mit seitlich gehaltener Hand. Es macht dies überwiegend von sich aus, mit ein wenig Hilfe durch die Zügel, und weil es gern auf diese Weise spielt.

Es mit dem anderen Zügel einzufangen beim Stoppen, um seine Nase herunterzubringen, ist dasselbe wie Tucking, und es läßt das Pferd gerade stoppen, wie es sich gehört.

Wenn es in einer Bewegung stoppt und in einer Bewegung wendet, ist es Zeit, daß ein weiteres wichtiges Grundprinzip der Zügelbedienung zum Tragen kommt. Nämlich Timing und Picking.

Es stoppt jetzt in einer Bewegung, woraufhin der Reiter arbeitet, wenn er das Pferd allein stoppt und wendet, und der Reiter gibt Slack nach den Pulls, damit das Pferd lernt, in einer Bewegung zu stoppen.

TIMING UND PICKING MIT RINDERN

Wenn das Pferd über den Kopf des Tieres hinausgeht, gib auf einem Zügel einen Pull, auf der Seite, nach der das Pferd wendet; dann fange es schnell mit dem anderen Zügel, gerade genug, um seine Nase herunterzubringen.

Wenn der Reiter fühlt, wie die Hinterbeine untersetzen, gibt er auf der Seite Slack, nach der er wendet. Der andere Zügel hat bereits Slack bekommen, als die Nase herunterkam.

Während das Pferd stoppt oder slidet, bleibt der Zügel locker bis kurz vor dem Abschluß des Stops. Der Reiter muß es dabei timen. Wenn die Hinterbeine untersetzen, gibt der Reiter Slack, und just wenn das Gewicht des Pferdes sich wieder auf die Vorhand verlagern will, nimmt der Reiter mit dem Zügel Fühlung auf. Wenn die Vorderbeine den Boden berühren,

Abb. 32

„pickt“ der Reiter es mit leichtem Pull und Slack zur Seite hin. Dann geht er wieder zum Rind und passiert es auf der anderen Seite auf dieselbe Weise (Abb. 32).

Hat das Pferd kurze, abgehackte Bewegungen, muß der Reiter die Zügel sehr schnell bedienen, aber er muß das System beibehalten, denn das Pferd lernt durch Wiederholen.

Bei Pferden mit weichen Bewegungen hat der Reiter viel Zeit, um seine Zügel zu handhaben und um das Pferd auszufühlen, während er es arbeitet.

Das Timing der Bewegungen des Pferdes erreicht der Reiter durch das Picking und durch das Ausfühlen oder Fühlung aufnehmen mit der Nase, so daß er es zur rechten Zeit „pikken“ kann, nachdem er die Zügel zwischen den Pulls locker gelassen hat.

Picking ist niemals ein Ruck an der Pferdenase oder im Pferdemaul. Wenn nicht vor dem Picking Fühlung aufgenommen würde mit der Nase oder dem Maul, würde es zu einem harten, unnötigen Ruck ausarten.

Das Fühlungaufnehmen mit Nase oder Maul muß leicht und schnell geschehen, sonst würde es ein ständiger Zug auf der Nase werden. Das Pferd kann dann das Signal nicht fühlen, wenn es gegeben wird, und das Timing kann nicht korrekt vorgenommen werden. Es wird auch gegenüber der Hakkamore abstumpfen.

Wenn ein Reiter in der Balance reitet, geht ihm das Timing mit der Übung in Fleisch und Blut über. Das Ausfühlen der Nase hilft dem Reiter beim Timing, und das Timing versetzt ihn in die Lage, das Pferd zur rechten Zeit zu „picken“.

Hat ein Pferd etwas Probleme mit dem Positionieren seiner Füße beim Stoppen und Wenden mit einem Tier, mag es mit den Vorderbeinen ein, zweimal vom Boden hochkommen, bevor es sich herumwirft in die Richtung, aus der es kam. Der Reiter darf das nicht zur Gewohnheit werden lassen. Wenn ein Pferd das mehrmals gemacht hat und am Ende seines Slides nicht herumkommt, muß es mit einem harten Pull im richtigen Moment gepickt werden, damit es weiß, daß es am Ende des Slides wenden und zurückkommen muß.

Wenn ein Tier so gearbeitet wird, passiert es oft, daß es hinter dem Pferd herumläuft und sich auf der anderen Seite des Pferdes befindet, nachdem es abgeblockt wurde; dann bekommt der Reiter die Chance, sein Pferd eine komplette Drehung machen zu lassen.

Nachdem der Reiter das Pferd für die halbe Drehung nach dem Stop gepickt hat, gibt er Slack, und wenn die Vorderbeine den Boden berühren, pickt er das Pferd erneut für eine weitere halbe Drehung und folgt wieder dem Tier. Das Pferd hat dann eine komplette Drehung vollzogen und sie korrekt ausgeführt. Das ist eine sehr gute Weise, seine Füße für den Spin zu positionieren.

Nachdem ein Pferd darin gut geworden ist, muß der Reiter aufpassen, daß er es nicht sauer macht.

Wenn das Pferd in einer Bewegung zu stoppen beginnt, wird der Zügel, mit dem es gewendet wird, immer gerade zurück in Richtung des Reiterbauches angenommen. Der andere Zügel wird nur soviel angenommen, daß seine Nase herunterkommt. Wird es mit einem Snaffle Bit und Martingal geritten, sollte letzteres abgenommen werden, weil es seine Drehungen behindert. Verwende Draw Reins, um seine Nase unten zu halten.

SLIDING UND TURNING OHNE KUH

Jungpferde werden mit dem einen Pull und Slack eingeritten, gestoppt und gedreht und den gesamten Ausbildungsprozeß hindurch auf diese Weise gearbeitet, und dadurch sliden sie schließlich.

Wenn sie zu Anfang am Set and Turn gearbeitet werden, geben sie der Hackamore gegenüber nach, und wenn der Zügel gerade zurück angenommen wird, setzen sie die Hinterhand etwas unter. Mit der Zeit werden sie besser und sliden ein paar Zoll. Sie verbessern sich im Laufe des Trainings und stoppen immer schneller und sliden immer weiter. Am Schluß sliden sie ein langes Stück. Vor dem Wenden ist immer ein Dwell, der nie ganz weggelassen wird.

Ein Pferd das sliden soll muß immer so bedient werden, daß es der Hackamore gegenüber nachgibt. Manche tun das von Natur aus, und andere geben nicht so ohne weiteres nach. Wieder andere sind nur schwer so zu lösen, daß sie nachgeben. Wenn sie nachgeben, fühlen sie die Zügel, wenn sie bedient werden; würden sie die Zügel nicht fühlen, würden die Hinterbeine nicht untersetzen.

Egal wie sie von Natur aus sind, es ist Sache des Reiters, sie alle zum Nachgeben gegenüber der Hackamore zu bringen, denn er bringt sie dazu, die Hinterhand unterzuschieben, durch die Art und Weise, wie er die Zügelhilfen gibt. Alle Pferde mit guten Bewegungen, unabhängig von der Abstammung, werden auf der Hinterhand arbeiten, wenn der Reiter sein Geschäft versteht.

Ein Sliding-Pferd sollte immer auf gutem Sliding-Boden gearbeitet werden. Vor dem Abwenden ist immer ein Dwell in den Zügeln. Das Dwelling-Pferd ist das Sliding-Pferd. Wenn das Pferd slidet, halten die Zügel denselben leichten Kontakt den ganzen Slide hindurch, bis es am Ende Zeit ist, mit den Zügeln Slack zu geben. Der Dwell gibt dem Pferd die Chance, weiter und weiter zu sliden (Abb. 33).

Abb. 33

Der Reiter darf es nicht drängen, wenn es gut arbeitet. Wenn es einmal oder zweimal am Tag gestoppt wird und es gut macht, laß es in Ruhe. Es muß immer ehrlich und korrekt arbeiten.

Wenn am Rind gestoppt und gewendet wird, gibt der Reiter im keinen Dwell. Das Picking erfolgt dann direkt, wenn der Stop vollzogen ist.

DER SCHNELLE SET AND TURN OHNE DIE KUH

Der Unterschied zwischen einem Sliding-Pferd und einem mit schnellem Set and Turn ist, daß man beim schnellen Set and Turn keinen Dwell mit den Zügeln mehr gibt, nachdem es in einer Bewegung zu stoppen begonnen hat. Dieser Set and Turn ist schnell und auch fließend.

Es ist schwerer für das Pferd als der Slide, weil es 'ne Menge Bewegung und Energie in einem kurzen Zeitraum bringen muß.

Es wird ebenfalls eine gewisse Distanz sliden, aber nicht so weit wie ein gutes Sliding-Pferd. Etwas muß es sliden, andernfalls könnte es das Manöver nicht glatt ausführen. Es lernt, sich mit den Hinterbeinen einzugraben, statt zu gleiten, und es gebraucht seine Vorderbeine, um sich herumzuwerfen und zurück in die Richtung, aus der es kam (Abb. 34).

Abb. 34

Es stoppt und beginnt seine Wendung in einer Bewegung. Wenn es sehr schnell gelaufen ist, mag es die Vorhand zum Abbremsen mit einsetzen müssen, bevor es genug gestoppt hat, daß es wenden kann, aber es wird dabei einen weichen Bewegungsablauf zeigen.

Ein gutes Sliding-Pferd kann auch einen schnellen Set and Turn haben, aber nicht so schnell wie das Set-and-Turn-Pferd. An Rindern wird ein Pferd schnell gestoppt und gewendet. Die meisten gutausgebildeten Pferde, die an Rindern ausgebildet wurden, haben den schnellen Set and Turn.

Um den schnellen Set and Turn zu lernen, muß ein Pferd zur rechten Zeit gepickt werden. Der Reiter muß seine Bewegungen korrekt timen und es im rechten Moment picken.

Die Zeit, um es für den Turn zu picken, ist, wenn es in einer Bewegung zu stoppen beginnt. Wenn es beginnt, in einer Bewegung zu stoppen, muß es seine Hinterbeine unterschieben, sonst kann es das nicht ausführen. Es wird ein paar Zoll rutschen.

Hier kommt der schnelle Set and Turn ins Spiel.

Wenn der Reiter den Zügel für den Set annimmt, gibt er Slack, wenn er fühlt, daß die Hinterbeine untersetzen. Dann, wenn die Vorderbeine aufsetzen wollen, pickt er das Pferd für die Wendung seitlich auf einem Zügel.

Der Reiter muß seine Bewegungen timen und die Zügel mit der Bewegung seines Pferdes bedienen.

Der Reiter hat die Zügel genauso bedient, wie er es tat beim Set and Turn am Rind.

Nachdem ein Pferd dies gut beherrscht, rutscht es nie weiter als nötig. Es setzt seine Vorderfüße ein, um die Wendung einzuleiten und sich herumzuwerfen, in die Richtung, aus der es kam.

Bei dieser Arbeit sollte es einen leichten Galopp gehen und nicht zu schnell rennen. Der Reiter muß Sorge tragen, es nicht zu übertreiben.

Ein Pferd, das auf diese Weise im Set and Turn geschult wird, sollte nicht gerade gestoppt werden, ohne daß eine Wendung folgt, bis es dies gut beherrscht. Wenn es gerade gestoppt wird, wird es versuchen, nach rechts oder links zu wenden.

Wenn es so weit ist, kann es gerade gestoppt werden, aber der Dwell in den Zügeln muß wieder eingeführt werden, sonst wird es zu bouncen anfangen.

Der Reiter muß immer auf die Kopfposition achten, indem er erinnert, was ein Pferd den Kopf hochwerfen läßt (siehe „Anleitung zur Erhaltung der Kopfposition“, S. 84).

UNGENÜGENDE WENDUNG ODER VERLIEREN DER POSITION

Als die Wendung schneller gemacht wurde, hatte sich das Herumwerfen zurück in die Richtung, aus der es kam, im Kopf des Pferdes festgesetzt, und jetzt macht es dies aufgrund eines leichten, seitlichen Pulls und Slacks.

Im Laufe des Trainings mag es anfangen, nicht weit genug herumzukommen in seiner halben Drehung oder außer Position zu geraten, weil es vergißt, wie es seine Füße setzen muß (Abb. 35). Es kann auch etwas faul werden oder etwas sauer.

Wenn das geschieht, sollte der Reiter dem Pferd mehrere leichte Pulls und Slacks geben und es flott machen, während er gegen ein Hindernis wendet. Das wird es wieder korrigieren.

Ist das Pferd sauer, sollte es eine Weile in Ruhe gelassen werden, bis es das Ganze etwas vergessen hat. Danach sollte es wieder gegen ein Hindernis gearbeitet werden, um es dazu zu bringen, korrekt zu arbeiten.

Abb. 35

Alle Pferde geraten mal außer Position, aber deswegen braucht man sich keine Sorgen zu machen - sie kommen schon wieder zurecht. Der Reiter mag sie ein paarmal arbeiten müssen, wie er es tat, als sie noch nicht so weit fortgeschritten waren, um sie wieder in Position zu bringen.

Wende es gegen ein Hindernis, und mach' es flott, selbst wenn es ein oder zweimal einen Klatsch mit dem Quirt braucht. Das Pferd weiß, wie es die Übung ausführen muß, und es muß dies tun, wenn der Reiter es will und nicht, wenn das Pferd es will. Der Reiter muß die Lage richtig bewerten und keinen Kampf mit dem Pferd anfangen.

DRAW REINS

Der Reiter sollte die Draw Reins, wenn er welche benutzt, auf jeder Seite in die Gurtringe schnallen (Abb. 36).

Abb. 36

Der so geschnallte Zügel stellt eine gewaltsame Zäumung dar, denn es ist sehr schwer, damit das Maul des Pferdes zu erfühlen. Sie sollten nur für kurze Intervalle verwandt werden.

Draw Reins sind für gewisse Dinge zu gewissen Zeitpunkten gut. Sie sind besonders gut für bestimmte verdorbene Pferde und solche, die nicht zu arbeiten verstehen, obwohl sie schon lange Zeit geritten wurden.

Die Zügel sollten nicht gleichmäßig angenommen und immer mit dem Pull und Slack gearbeitet werden, denn sie machen das Maul eines Pferdes schnell hart und lassen es den Kopf hochdrücken gegen den Abwärtszug des Draw Reins. Sie sollten zur Arbeit gebraucht und dann wieder gegen normale Zügel ausgetauscht werden.

Richtig angewandt, können Draw Reins helfen, die Füße eines Pferdes für das Drehen zu positionieren, indem während des Drehens die innere Hand weit seitlich gehalten wird, so daß es sie sehen kann, und es mit dem anderen Zügel auf dem Punkt gehalten wird.

Der innere Zügel wird mit Pull und Slack bedient, und der andere ebenfalls mit Pull und Slack, aber verwahrend. Sie sind auch gut, um ein Pferd zum Stoppen zu zwingen, aber korrekt kann es mit den Draw Reins nicht stoppen.

Es gibt Pferde, die ihre Hinterbeine nicht unterschieben wollen, wenn sie zu stoppen lernen, und bei diesen Pferden ermöglichen die Draw Reins es dem Reiter, sein Pferd zu timen und zu picken, so daß es stoppen und wenden kann. Das Pferd kann in den Draw Reins nicht sliden, wenn es nicht gelernt hat, mit dem Hals gegen den Abwärtszug der Draw Reins zu drücken, und wenn es das tut, ist seine Nase oben. Bei Pferden, die sowieso ihre Nase oben haben, braucht man sich mit der Kopfposition nicht aufzuhalten. Der Draw Rein bringt Resultate, wenn er richtig angewandt wird.

Das Pferd wird genauso gearbeitet, wie beim schnellen Set and Turn.

Wende es gegen ein Hindernis, und nimm beim Stoppen seinen Kopf mit leichtem Pull und Slack ein wenig zur Seite; fange ihn schnell mit dem anderen Zügel ein nach dem ersten Pull, und gib ihm anschließend wieder einen Pull und Slack, bis es so gut wie steht. Das Timing und Picking für die Wendung geschieht ohne Dwell.

Während des Stoppens kommt es mit den Vorderbeinen etwas vom Boden hoch zwischen den Pulls und Slacks, und gerade wenn es fast steht und seine Vorderbeine heben etwas ab, gib ihm auf einem Zpügel das Signal zum Wenden. Laß es hinausspringen, zurück in die Richtung, aus der es kam.

Wecke es auf dabei, und halte die Zügelhand nach außen auf der Seite, wohin es wenden soll, so daß es sie sehen kann. Bediene den anderen Zügel mit dem Pull und Slack, um es in der Wendung zu halten.

Ein solches Pferd ist kein grünes Jungpferd. Es kennt so ziemlich alles, weiß aber nicht korrekt zu arbeiten und träumt die meiste Zeit.

Nachdem es sechs oder achtmal zu unterschiedlichen Zeitpunkten so gearbeitet wurde, weiß es, daß es reagieren muß, wenn es die Hand außen sieht und den Zug spürt. Dann können die Draw Reins gegen normale ausgetauscht werden.

Bei der Verwendung regulärer Zügel sollte der Reiter diese der Einfachheit halber nach der Squaw Rein-Methode bedienen.

Die Squaw Rein-Zügelführung wirkt so wie die Draw Reins, weil es den anderen Zügel spürt, wodurch es gerade gehalten wird; es kann nun gerade arbeiten.

Wenn es beginnt, die Hinterhand etwas unterzusetzen, sollte der Reiter es in der Hackamore reiten und so arbeiten, daß es seine Bewegungen vollendet, also den Dwell einführen. Er muß es dazu bringen, der Hackamore gegenüber nachzugeben.

Bei grünen Pferden braucht man keine Draw Reins, höchstens für das Pulling am Anfang. Aber wenn es an die Arbeit geht, schadet es nichts, sie gelegentlich einmal mit Draw Reins zu reiten.

Draw Reins können sehr hilfreich bei Pferden sein, die außer Position geraten sind, wenn sie mit leichter Hand benutzt werden. Ein oder zwei Schritt rückwärtsrichten in den Draw Reins und dabei abwenden bringt die Hinterfüße in der rechten Position unter das Pferd. Es braucht bei jedem Ritt nur ein paarmal so gearbeitet werden; nach mehreren Ritten sollte es korrigiert sein.

Alle Hackamore-Jungpferde sollten dann und wann im Snaffle Bit geritten werden, damit der Reiter gleich mit ihnen weiterarbeiten kann, wenn er einmal eins mit Snaffle Bit reiten muß.

Draw Reins sind gut, um ein Pferd in bestimmte Positionen zu zwingen und verdorbene Pferde zu doublen.

LASSOING ODER ROPING

Grüne Pferde sollten innerhalb der ersten zwei Wochen des Reitens das Schwingen eines Ropes kennenlernen. Es ist besser, sie gleich am Anfang an alles zu gewöhnen.

Selbst wenn ein Pferd besonders berührungsempfindlich ist, sollte der Reiter es am Anfang an das Rope gewöhnen, denn zu dem Zeitpunkt schickt es sich schneller drein.

Es gibt viele Pferde, die lange Zeit geritten wurden und bei denen es noch immer gefährlich ist, von ihrem Rücken zu ropen. Tatsächlich sind sie viel schlimmer als ein grünes Pferd. Sobald ein Rope die Hand des Reiters verläßt, scheuen sie und drehen ab, den Reiter dabei im Rope einwickelnd. Nach der ersten Drehung ist der Reiter praktisch hilflos.

Das kommt daher, wenn man sie nicht schon am Anfang an das Rope gewöhnt. Bei Pferden, die dazu neigen, ein wenig wild zu sein, schieben viele Reiter das Schwingen eines Ropes auf, und wenn sie dann damit anfangen, ist das Pferd schlimmer, als es am Anfang gewesen wäre. Wenn er versucht, von ihm aus etwas zu fangen, wird das Pferd in neun von zehn Fällen Ärger machen.

Bei einem berührungsempfindlichen Pferd sollte das Rope im Corral geschwungen werden. Es sollte ein kleiner Corral sein, so daß das Pferd nicht zu schnell rennen kann, und wenn es außergewöhnlich berührungsempfindlich ist, kann es gehobbelt und dann das Rope auf ihm geschwungen werden, wobei man aufpaßt, daß man es nicht unnötig erschreckt. Der Reiter darf nicht eher aufhören, bis es sich im Corral ans Rope gewöhnt hat. Das kann mehrere Tage dauern.

Nachdem das Pferd sich im Corral ans Rope gewöhnt hat, kann der Reiter es draußen schwingen. Das sollte über einen

Zeitraum von einigen Tagen passieren, nicht alles an einem Tag.

Das Pferd muß sich daran gewöhnen, daß das Rope geschwungen und in alle Richtungen geworfen wird und daß es etwas daran hinter sich her zieht, bevor man irgendwas von seinem Rücken aus fängt.

In diesem Stadium fängt man besser zuerst im Corral etwas von ihm aus, denn es kann noch nicht stoppen und wenden. Außerhalb würde es zu sehr ans Rennen kommen und wäre dann außer Kontrolle.

Der Reiter sollte draußen nicht eher etwas von ihm aus fangen, bis es gelernt hat, ein Tier zu verfolgen und es zu bedrängen, und dann ist es leicht, von ihm aus zu fangen. Zu Anfang sollte ein leichtes Tier gefangen werden, das es leicht halten kann.

Das Wichtigste ist zu diesem Zeitpunkt, es nicht zu schnell rennen zu lassen, bis es herausgefunden hat, worum es geht.

Wenn das Pferd dem Rind gut zu folgen versteht, bleibt der Reiter hinter dem Tier und schwingt sein Rope nicht eher, als bis das Tier langsamer geworden ist. Er hat dann eine Chance, sein Pferd zu bedienen und sein Rope und auch, das Tier zu fangen, und das Pferd lernt nicht, loszurennen, als ob es durchgehen würde (Abb. 37).

Abb. 37

Beim Verfolgen eines Tieres, um es zu fangen, muß das Pferd am losen Zügel geritten werden, gerade so, als wäre man nicht beim Ropen. Deshalb sollte der Reiter sein Rope nicht eher schwingen, bis das Tier langsamer geworden ist. Es muß immer am losen Zügel laufen.

Wenn er sein Rope schon am Anfang schwingen würde, liefe das Pferd zu schnell und würde den Pull auf dem Zügel nicht spüren. Dann müßte der Reiter es doublen, um es gestoppt zu bekommen.

Viele Reiter bedienen ihre Zügel fein, wenn sie nicht ropen, aber sobald sie ropen, nehmen sie die Zügel stramm. Das Pferd verliert das Gefühl für die Zügel und wird hart in der Hackamore. Das muß vermieden werden. Je härter an der Hackamore gezogen wird, desto härter, abgestumpfter wird das Pferd in der Hackamore.

Nachdem der Reiter draußen zwei oder drei Tiere gefangen hat, weiß das Pferd, was von ihm erwartet wird, aber nachdem das Tier gefangen wurde, wird das Jungpferd nicht schnell stoppen, denn es weiß noch nicht, wie es stoppen soll. In diesem Stadium sollte das meiste Roping im Corral getan werden und mit mittelschweren Kälbern, die es leicht halten kann.

Der Reiter sollte das Kalb im Corral fangen, dann absteigen und sein Rope mit einem halben Schlag fest ans Sattelhorn knoten. Dieser halbe Schlag verläuft unter dem Rope, welches das Kalb hält, und dann über das Horn und die Dally-Wicklungen (Abb. 38).

Das lose Rope-Ende läuft unterm Hals her auf die Seite gegenüberliegend von der, wo das Rope ist, an dem das Kalb hängt, und wird dort festgeknotet. Es kann verknotet werden oder unter dem anderen Rope herlaufen und am Sattelhorn

Abb. 38

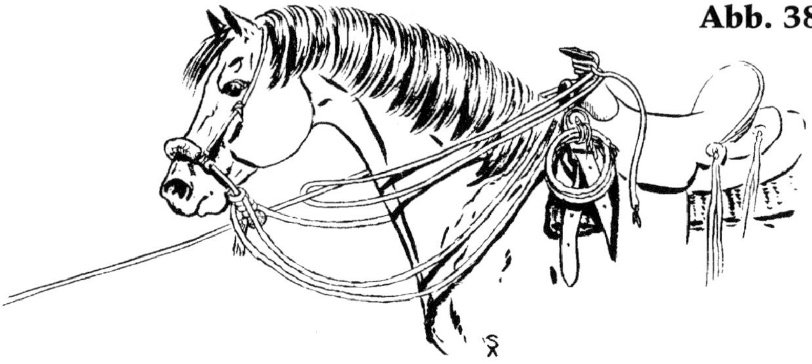

festgemacht werden. Das Pferd ist dann nach beiden Seiten ausgebunden und wird immer in die Richtung gelenkt, in der das Kalb sich bewegen mag. Das Rope soll so festgemacht sein, daß es anliegt, ohne den Hals des Pferdes zu drücken, wenn das Tier das Pferd herumzieht.

Mit dieser Art des Trainings schaut das Pferd immer in Richtung des Ropes.

Nachdem der Reiter etwas gefangen hat, muß er die Zügel mit Sorgfalt bedienen. Er darf nicht gleichmäßig an beiden Zügeln ziehen und nicht stetig daran ziehen, sonst lehnt sich das Pferd gegen die Hackamore und fühlt den Pull nicht mehr. Stop auf einem Zügel.

Der Reiter könnte sein Rope am Horn festknoten und hätte dann beide Hände frei, wenn er wollte, um sein Pferd zu stoppen. Er muß aufpassen, daß er das Pferd nicht im Rope verwickelt.

Bringe es zum Stop, daß es sehen kann, was es macht. Es wird zu diesem Zeitpunkt nicht schnell stoppen oder sliden.

Ist der Reiter am Boden, sollte er beim Pferdekopf stehenbleiben und dafür sorgen, daß es das Rope stramm hält, wenn das Tier es herumzieht. Zwei oder drei Kälber sind für den Anfang genug. Das Pferd lernt nach und nach mehr.

Gib ihm am Anfang reichlich Zeit. Wenn es nie etwas Schlechtes lernt, gibt es nichts Schlimmes, das es vergessen muß.

8

BACKING MIT DEM ROPE

Wenn ein Jungpferd ungefähr weiß, worum es geht, kann damit begonnen werden, es am Rope rückwärtsgehen zu lassen. Der Reiter sollte nicht versuchen, es zum rückwärtsrennen zu bewegen, denn es wird mit dem Rope nicht weiter rückwärtsgehen als ohne Rope. Wenn es der Hackamore nachgibt, wird es drei oder vier Schritte rückwärtsrichten, und mit dem Rope geht es auch nicht weiter.

Fängt der Reiter Kälber von seinem Rücken aus, besonders wenn er die Hinterbeine fängt, sollte er das Pferd so dicht wie möglich an die Hinterbeine heranbringen, denn vor den strampelnden Hinterbeinen will es rückwärts gehen. Dadurch wird vermieden, daß es beim Back Up (Rückwärtsrichten) verweigert, also mittendrin stehenbleibt (Abb. 39).

Fünf oder sechs Kälber sind für den Anfang genug. In diesem Stadium darf man nicht zu lange an einem Stück mit ihm ropen. Wenn es verweigert, wird es sich das für lange Zeit behalten. Wenn es verweigert, stehenbleibt, ist es sauer. Es sollte zu Beginn kein Tier für sehr lange halten müssen, sonst wird es vorwärts gehen wollen.

Ab und zu sollte man einen Pfahl fangen und dann rückwärtsrichten. Man brauch dabei die Dallies (Wicklungen ums Horn) nicht sehr stramm machen, und das Rope läßt es aus Schreck manchmal weiter rückwärtsrichten als es normaler-

Abb. 39

(Achtung: Das Pferd wurde der Deutlichkeit zuliebe ohne Reiter gezeichnet. Ein Pferd sollte niemals alleingelassen werden, wenn ein Kalb in dieser Weise daran festgemacht wurde)

weise täte. Man muß beim Back Up sorgfältig darauf achten, es niemals darin sauer zu machen.

Das schnelle Absteigen wird bei dieser Art Training selten praktiziert, weil es die Kopfposition ruiniert und das Pferd hart macht in der Hackamore. Nachdem ein Pferd zu sliden begonnen hat, wird es nach dem Wurf sliden, wenn der Zügel angenommen wird.

Kälber von grünen Pferden aus im freien Gelände zu fangen, ist keine gute Idee, weil das Pferd schnell rennen muß, um das Kalb zu fangen, und dann sind sie außer Kontrolle. Der Corral ist zu Beginn die beste Stelle.

Ein Jungpferd sollte immer längere Zeit angebunden sein, wenn es allein ein Kalb halten muß, denn wenn es ängstlich wird, könnte es sich herumdrehen und mit dem Kalb wegrennen, es dabei zu Tode würgend. Ein Pferd sollte nicht zu schnell hinter einem Kalb her gestartet werden, sonst wird es aufgeregt und lernt, sich gegen die Hackamore zu lehnen.

VERSTÄNDNISVOLL SEIN

Wenn eine Gruppe Pferde so weit gefördert ist und mit einem Tier stoppen und wenden kann und es auch ohne ein Tier recht gut beherrscht, muß man sich klarmachen, daß sie das nicht in ein paar Tagen oder Wochen gelernt haben.

Nach etwa drei Monaten sollten sie ihre Hinterbeine in guter Manier untersetzen und korrekt in einer halben Drehung wenden. Daß sie gut arbeiten ist kein Grund, sie so schnell oder so lange wie ein fertiges Bridle Horse zu arbeiten.

Sie sollten so schnell gearbeitet werden, wie es ihren Fähigkeiten oder Kenntnissen entspricht und nicht schneller, sondern so, daß sie die Dinge so korrekt ausführen, wie es dem Reiter an dem bestimmten Tag möglich ist.

Sie wurden bislang so gearbeitet, daß sie dahingehend aufgebaut wurden, daß sie automatisch die Hinterbeine etwas untersetzen, wenn der Reiter für einen Stop den Zügel annimmt (Abb. 40).

Abb. 40

Tun sie das, hat der Reiter sie auf dem richtigen Weg. Jetzt kommt es nur darauf an, daß sie Zeit bekommen, ohne gedrängt zu werden, und sie erreichen das Ziel.

Wenn ein Pferd jedesmal die Hinterhand etwas untersetzt, wenn es gestoppt wird, bedeutet das nicht, daß man es rennen lassen kann und es dann stoppen und wenden kann wie ein Bridle Horse, obwohl es dies bei der Arbeit am Rind das eine oder andere Mal tun mag.

Der Reiter baut es immer noch auf, so daß seine Arbeit jederzeit solide ist, wenn es fertig für die Bridle ist. Er erfühlt immer die Nase oder das Maul und testet nicht, wie weit er das Pferd sliden kann, denn wenn er das tut, wird er feststellen, daß er zu stark an den Zügeln zieht und nicht schnell genug Slack gibt, was Bouncen und Hochwerfen der Nase hervorruft.

Der Reiter vergißt nie das Timing, wenn er die Zügel bedient. Wenn es etwas slidet, ist der Zügel locker, so daß es keinen extra Pull gibt, nachdem es so weit geslidet ist, wie es kann. Nach dem Stop sollte es immer gewendet werden.

Wenden nach dem Stop bedeutet nicht, daß der Reiter es schnell wenden läßt oder es jedesmal im Galopp herausspringen läßt. Aber er sollte es langsam wenden oder wenigstens eine Vierteldrehung machen. Wenn der Reiter einmal schnell wenden muß, kann er das immer tun, vorausgesetzt, sein Pferd ist nicht sauer, weil er es zu oft getan hat.

Der Reiter darf es nicht dauernd stoppen. Es ist okay, es dann und wann zu tun, aber wenn man es zu oft macht, will das Pferd nicht mehr frei laufen und versucht zu stoppen, bevor eine Zügelhilfe gegeben wurde, oder es will nicht laufen und stoppt auf der Vorhand.

Wenn es zu oft gestoppt wird, besonders wenn es weiß, wie es geht, fängt es an, seine Vorderbeine einzurammen, steif und hart aufzusetzen und nicht weich abwenden zu wollen. Der Reiter ist nicht in der Lage, es zu picken, daß es zurückwendet. Hat ein Pferd damit angefangen, dauert es lange, bis es korrigiert ist.

Der Reiter muß Sorge tragen, seine Pferde auf gutem Boden zu stoppen und nicht auf unebenem, es sei denn, es ist absolut unumgänglich. Das ist besonders im Sagebrush Country wichtig und im Sommer, wenn der Boden hart und trocken ist. Die Füße der Pferde können nicht gleiten, die Sprunggelenke schmerzen ihnen, und die Hinterhufe werden heiß.

Die beste Zeit, um eine Gruppe Pferde ans Sliden zu bekommen, ist wenn der Boden naß ist. Eine andere Hilfe, die ihnen hilft, das Sliden zu lernen, ist das Stoppen während des Bergabreitens, wenn der Boden naß ist. Wenn der Boden hart und trocken ist und eine glatte, harte Oberfläche hat und ein Gefälle, sind das gute Voraussetzungen, um ein Pferd zu stoppen. Eine glatte Oberfläche, die eben ist, geht auch gut.

Der Reiter kennt das Temperament jedes Pferdes in seiner Gruppe und kann mit schnellerer Arbeit beginnen, wenn sie so weit sind.

Will das Pferd zu schnell arbeiten, sollte der Reiter es beruhigen, indem er es langsam angehen und auf das Zügelsignal warten läßt.

Wenn die Pferde schon recht gut sliden können, muß man daran denken, daß sie aus schnellem Tempo nicht mit einem Pull und Slack vollständig stoppen können, obwohl sie schon ein ganzes Stück sliden werden.

Laß sie ein paar Fuß gehen, nachdem sie auf einen Pull und Slack hin so weit geslidet sind, wie sie können, bevor du erneut pullst. Wenn sie dann wieder gepullt werden, sliden sie bis in den Stand.

Wenn man sofort wieder pullt, direkt nach dem ersten Pull, ohne den Dwell, lernen sie zu bouncen und sich auf die Hakkamore zu legen.

METHODEN DER ZÜGELBEDIENUNG

Der Reiter muß ein System haben, wie er die Zügel bedient, wenn das Pferd beginnt, ein Rind gut zu arbeiten. Er muß in der Lage sein, die Zügel zu handhaben, ohne das Pferd konfus zu machen oder es außer Position zu bringen beim Timing.

Kann das Pferd hart stoppen und zurück zum Rind wenden, muß der Reiter die Zügel schnell handhaben können, sich dabei immer an die Grundprinzipien der Zügelbedienung haltend.

Methode Nr. 1

Ein schnelle Methode der Zügelbedienung ist, beide Zügel gleichlang in einer Hand am Sattelhorn zu halten, ohne Slack. Dann gibt man beiden Zügeln acht Zoll Slack und hält sie wieder an derselben Stelle in einer Hand.

Wenn das Pferd hart stoppt, um zurück zum Tier zu wenden, hält der Reiter beide Zügel in einer Hand, mit den acht Zoll Slack darin. Er nimmt den auf der Seite, nach der er wendet, an, mehrere Zoll tiefer als die andere Hand, die beide Zügel hält.

Er pullt auf einem Zügel, wenn das Pferd in der Luft ist, und er pullt zurück auf seinen Bauch zu. Die Pferdenase kommt ein wenig zur Seite, wenn der Reiter pullt, dann wird der andere Zügel angenommen und bringt die Nase herunter. Das ist dasselbe wie Tucking. Der Slack in den Zügeln nach jedem Pull richtet seinen Kopf jedesmal wieder geradeaus.

Nach dem Stop wird es mit einem Zügel gewendet, mit der Hand seitlich außen. Die Hand, die beide Zügel hält, muß vorgehen, damit kein extra Pull auf den anderen Zügel kommt.

Der Reiter muß während der Arbeit am Rind die Hand, die beide Zügel hält, an der Stelle wechseln, wo diese gleichlang gehalten werden, damit er für die Wendungen immer die Hand benutzen kann auf der Seite, nach der er wendet.

Diese Methode erlaubt eine sehr schnelle Bedienung. Ein Reiter kann die Zügel so schnell bedienen, wie ein Pferd physisch in der Lage ist zu arbeiten. Am Anfang wäre sie zu schnell, aber jetzt, wo das Pferd stoppen und wenden kann in einer Bewegung, ist sie gut zu gebrauchen.

Die Zügel werden immer mit dem Touch und Slack bedient.

Methode Nr. 2 - Squaw Rein

Die Zügel so in einer Hand zu halten, daß einer länger als der andere ist, während das Pferd gearbeitet wird, ist eine andere Methode der Zügelführung. Das wird gewöhnlich als Squaw Reining bezeichnet. Es ist eine gute Möglichkeit, die Kopfposition zu fixieren. Zu diesem Zeitpunkt sollte das Pferd mit dieser Methode noch nicht schnell gearbeitet werden, weil sie eine Tendenz hat, ein Pferd zum Stehenbleiben in der Wendung zu verleiten. Der Reiter muß acht geben, daß nicht beide Zügel gleich lang sind, wenn er nach dieser Methode zu arbeiten beginnt.

Die wichtigsten Vorteile des Squaw Reinings sind, die Kopfposition fixieren zu helfen und das Pferd in der Drehung gerade zu halten, wie es sein soll.

Beim leichten und langsamen Drehen bringt Squaw Reining die Nase herunter und fixiert die Kopfposition.

Ein weiter Squaw Rein sollte praktiziert werden. Beim Wenden darauf achten, daß die Zügel nicht gleichmäßig einwirken. Bei der Drehung kommt die Hand des Reiters etwas herein in Richtung seines Körpers, so daß der äußere Zügel Slack bekommt. Aus dem Grunde sollte ein weiter Squaw Rein angewandt werden.

Der weite Squaw Rein setzt den Reiter in die Lage, seine Hand auf seinen Körper zu zu bringen, und das Pferd kann die Hand auch sehen.

Ein Reiter sollte niemals versuchen, das Pferd mit ständigem Zug auf beiden Zügeln herumzuwerfen. Wenn er das macht, legt sich das Pferd auf die Hackamore und stumpft schnell ab. Der Reiter muß dann wieder schiere Kraft aufwenden und zu hart ziehen.

Die Zügel werden immer mit dem Touch und Slack gearbeitet. Wenn das Pferd schnell wendet, gibt der Reiter ihm mehrere leichte Pulls und Slacks. Mit dem ersten wird es gestartet, und der Reiter beschleunigt es dann mit der Bewegung seines Körpers. Die Zügel werden immer so eingesetzt, daß sie das Pferd auf die Hinterhand bringen. Wenn es weiß, daß es drehen wird, bedarf es nur eines Pulls und Slacks, und es dreht korrekt. Durch mehrere Pulls und Slacks kommt es in die richtige Position, um auf der Hinterhand zu drehen, und der Reiter gibt ihm dann eine Chance, zurück auf seine Hinterhand zu kommen.

Wenn es langsam mit dem Touch und Slack gedreht wird, wird das Pferd seine Nase ein wenig zur Seite herausbringen. Der andere Zügel fängt es dann ein und bringt seine Nase herunter und hält zugleich seinen Körper gerade in der Drehung. Zu diesem Zeitpunkt wird es aber noch nicht völlig gerade sein.

Wenn das Squaw Reining beim Zirkeln angewandt wird, muß der Reiter wieder darauf achten, daß nicht beide Zügel gleichmäßig pullen, sonst wird das Pferd nicht korrekt zirkeln. Wenn der Reiter den Zügel pullt und slackt, muß er dabei seine Hand auf seinen Körper zu nehmen, damit der lange Zügel Slack bekommt.

Das Pferd weiß, wenn es im Squaw Reining geritten wird, daß der andere Zügel da ist, um seine Nase einzufangen, darum hält es die Nase da, wo sie hingehört und dreht mit geradem Körper und stabiler Kopfposition.

Die Zügel können nach jeder dieser Methoden bedient werden. Die erste Methode sollte bei schneller Arbeit angewandt werden und das Squaw Reining bei langsamer. Wenn es weiter gefördert ist, kann es auch im Squaw Reining schnell gearbeitet werden.

Der Reiter sollte nicht versuchen, es mit Neck Reining zu lenken, denn das ist in diesem Stadium kein Zeichen eines guttrainierten Pferdes. Allein wie das Pferd sich selbst handhaben kann, zeigt in diesem Stadium, wie gut es trainiert ist. Es muß so bedient werden, daß es die korrekte Position nicht verliert.

Der Reiter muß das Wechseln der Zügelhand beherrschen, entsprechend der Seite, nach der er wenden will, und muß automatisch wissen, wo er sie anfassen muß.

Die Anwendung des Squaw Reins lernt man leicht durch den Gebrauch. Die folgenden Illustrationen zeigen die beiden Methoden der Zügelbedienung (Abb. 41).

Abb. 41

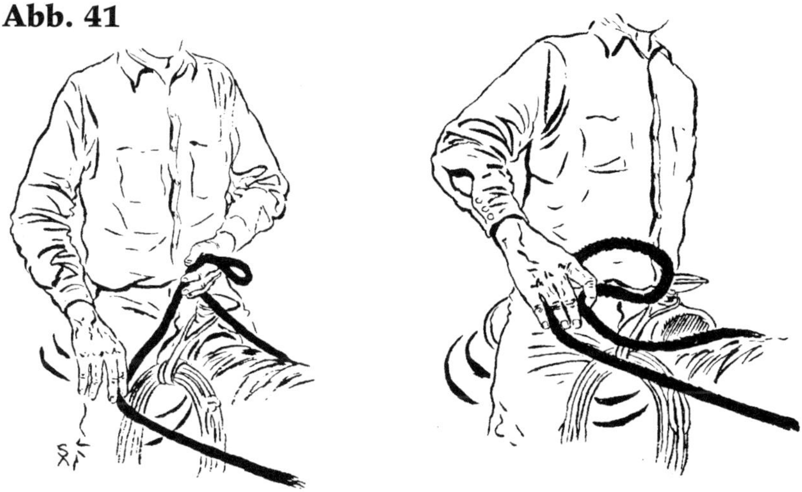

NO.1 METHOD **SQUAW REIN**

Reitet man den schnellen Set and Turn, und stoppt und wendet das Pferd weich, braucht man es nicht mehr gegen ein Hindernis zu wenden, sondern kann es draußen arbeiten. Der Reiter kann das Pferd auch gerade stoppen, ohne es anschließend zu wenden, aber er darf nicht vergessen, den Dwell in die Zügelführung zu bringen, sonst wird das Pferd bouncen.

Der Sinn des Hindernisses ist es, das Anhalten zu verkürzen und das Pferd zu Beginn das korrekte Wenden zu lehren.

Der Reiter sollte niemals versuchen, gerade zu stoppen oder das Pferd sliden zu lassen, wenn er sehr schnell galoppiert, sonst wird es die Sensibilität gegenüber den Zügeln verlieren und den Pull nicht spüren. Das verdirbt den Slide.

Der Reiter muß automatisch wissen, wie schnell er das Pferd laufen lassen kann, daß es sich doch noch hinsetzt und slidet.

Läuft das Pferd sehr schnell und der Reiter will es schnell anhalten, sollte er auf einem Zügel mehrere Male Pulls geben, die stark genug sind, daß sie es verlangsamen, und gerade zurück, ohne es zu doublen. Wenn sich das Pferd nicht auf einem Zügel checken lassen will, dann muß der Reiter es doublen. Das Pferd sollte niemals gerade gestoppt werden (ohne anschließende Wendung), wenn es nicht auf den Pull reagiert. Nimm einen Zügel und double es, wenn nötig. Dann wird es nicht hart in der Hackamore. Es muß feinfühlig gehalten werden.

Jetzt sollte das Pferd an Tieren gegen den Zaun gearbeitet werden. Am besten geht das in einem eckigen Corral, der groß genug ist, um ihm ausreichend Raum zum Rennen zu geben, und weichen, ebenen Boden hat, so daß es nirgends mit den Füßen hängenbleibt.

Blocke das Rind Kopf-zu-Kopf gegen den Zaun ab, und halte genug Abstand, so daß es von vorn, Kopf-zu-Kopf, abgeblockt werden kann. Geht man zu dicht ans Rind heran, wird das Pferd versuchen, es abzudrängen, anstatt Kopf-zu-Kopf abzuwenden.

Das Pferd muß immer so bedient werden, daß es so arbeitet, wie es den Anforderungen dieser Art des Trainings entspricht. Es muß immer Zeit bekommen, auf der Hinterhand zu arbeiten und die Dinge richtig zu machen.

Nachdem der Reiter ein Tier mehrmals abgeblockt hat, kann er es in eine Ecke manövrieren, um es dem Pferd zu überlassen, es dort zu halten. Er kann ihm dabei etwas mit den Zügeln helfen. Das sollte nicht zu lange geschehen, sonst verliert das Pferd das Interesse.

Pferde mögen es, so zu spielen, aber sie dürfen dabei nicht sauer werden. Ein wenig davon ab und zu, und sie werden richtig gut.

Wenn man es zuviel macht, wollen sie zu schnell arbeiten und werden nicht so stoppen, wie sie sollen. Sie stumpfen gegenüber den Zügelhilfen bzw. der Hackamore ab. Wenn sie zu schnell arbeiten wollen, muß der Reiter sie zwingen, auf das Zügelsignal zu warten und sie langsam arbeiten. Sie müssen alles stets korrekt ausführen, ob sie nun schnell oder langsam gearbeitet werden.

Abb. 42

Beim Üben des Spins hält der Reiter die Zügelhand deutlich zur Seite, wo das Pferd sie sehen kann, und in einem Winkel, der das Pferd in der Drehung auf die Hinterhand bringt. Seine Hinterfüße müssen weit genug untergesetzt sein, damit es sich ausbalancieren kann (Abb. 42).

Während der Zügel mit Pull und Slack bedient wird, kann der Reiter es mit den Bewegungen seines Körpers beschleunigen. Am Anfang mag das Pferd keine vollen halben Drehungen ausführen, aber solange es mit den Vorderfüßen abhebt und auf der Hinterhand dreht, ist es okay. Wenn es eine volle Drehung oder drei halbe Drehungen ausführt, sollte es im Galopp aus der Drehung gesprungen werden, damit es nicht die Position verliert. Der Reiter kann es aufwecken, wenn er den Spin beginnt, indem er ihm einen Klaps gegen das äußere Hinterbein gibt.

Den Spin darf man nicht zuviel üben. Wenn es die halbe Drehung korrekt ausführt, schafft es mit ein wenig Übung auch die ganze. Der Reiter muß daran denken, daß er einem Pferd nicht alles an einem Tag beibringen kann. Nachdem ein Pferd dreieinhalb Drehungen auszuführen gelernt hat, muß man es nicht mehr im Galopp herausspringen lassen. Das Herausspringenlassen hilft ihm am Anfang, seine Füße richtig zu setzen.

Die Pferde müssen immer mal auf lange, langsame Ritte mitgenommen werden, aber dabei sollte die Hackamore lokkerer als gewöhnlich justiert werden. Die Hackamore sollte immer so locker wie möglich sein, daß das Pferd dennoch der Hackamore gegenüber nachgibt. Die Hackamore kann lockerer als normal sein, wenn das Pferd nicht schnell gearbeitet wird. Niemals sollte die Hackamore stramm angezogen werden.

Praktisch alle Pferde wollen irgendwann abstumpfen in der Hackamore oder ab und zu dem Reiter ihren Kopf entziehen. Sie müssen so behandelt werden, daß sie den Reiter nicht austricksen. Das trifft besonders auf kleine, kurzhalsige Pferde zu. Der Reiter muß sie doublen können, um sie gehorsam zu halten.

Wenn kleine, kurzhalsige Pferde sich im Hals hart machen, sind sie schwer zu doublen, und wenn sie den Kopf entziehen können, können sie durchgehen. Selbst wenn sie nicht tatsächlich durchgehen, arbeiten sie doch nicht korrekt oder so leicht wie sie sollten. Sie lernen dann auch, zu verweigern, wann immer ihnen danach ist.

Am besten benutzt man dann einen durch das Maul gezogenen Riemen, der eng über den Wicklungen der Hackamore festgeknotet wird. Arbeite das Pferd leicht, und laß es möglichst herausfinden, was damit ist, bevor es gedoubelt wird. Wenn das Pferd außer Kontrolle gerät, indem es an der Hakkamore zieht, muß der Reiter es pullen. Laß es in Ruhe, sobald es nach beiden Seiten nachgibt und herumkommt. Pull nicht mehr, als nötig ist.

Der Reiter kann den Riemen für ein paar Tage dran lassen, wenn er meint, daß er noch Probleme mit ihm haben könnte. Sobald das Pferd der Hackamore wieder nachgibt, kann er abgenommen werden.

Es gibt Reiter, die jedes Pferd doublen können, und es gibt viele, die das nicht können. Die es nicht können, müssen es auf die leichtere Weise tun. Es gibt einen Trick beim Doubling. Es kommt nicht auf die Kraft an, sondern darauf, wie's gemacht wird.

Wenn ein Pferd durchgehen will und der Reiter es nicht halten kann, sollte er den Zügel auf der Seite, wo er pullen

Abb. 43

will, fest ergreifen und mit dem Sporn auf der anderen Seite hoch am Bauch spornieren, während er zur selben Zeit hart pullt. Das löst für einen Moment den Hals des Pferdes, so daß der Reiter es doublen kann (Abb. 43).

Pferde geben es schnell auf, sich der Hackamore zu widersetzen, wenn es ihnen nicht gelingt, den Reiter auszutricksen. Der Reiter muß gutes Urteilsvermögen haben, das Pferd nie zu einem Kampf verleiten, wenn er ihn vermeiden kann, denn das behalten sie für lange Zeit. Widersetzliche Pferde sollten im Snaffle Bit geritten werden, bis sie ihre Dickköpfigkeit abgelegt haben.

Pferde, die nicht jederzeit gedoubelt werden können, geraten dem Reiter früher oder später außer Kontrolle.

Der Reiter muß immer daran denken, mit dem Pull und Slack zu operieren. Wenn er einen andauernden Zug ausübt auf dem Zügel, setzt er seine Kraft gegen die des Pferdes. Das kann er nicht tun und dabei gewinnen.

DER SPIN MIT DEM SET AND TURN

Wenn das Pferd in der Lage ist, eine komplette Drehung auf der Hinterhand oder drei halbe Drehungen auszuführen und dies recht gut macht, kann es am Spin mit Set and Turn gearbeitet werden.

Zweimal ist ausreichend bei einem Ritt, und es sollte auch nicht jedesmal, wenn es geritten wird, gemacht werden. Man arbeitet es die ersten paar Male besser gegen ein Hindernis. Suche eine Stelle mit weichem Boden aus, damit sich seine Füße nirgends fangen können, wenn es stoppt.

Wenn einige der Pferde Slider sind, kann der Reiter den Boden naß machen, damit er rutschiger wird; das hilft ihnen beim Sliden.

Abb. 44

Sind es Pferde mit schnellem Set and Turn, braucht man den Bodengrund nicht naß zu machen, aber er sollte weich sein (Abb. 44).

Der Reiter kann zu Beginn die Nr. 1 Methode anwenden. Galoppiere sie entlang des Hindernisses, aber nicht zu schnell, und stoppe sie. Sind die Pferde Slider, muß der Reiter die Zügel mit Dwell bedienen und einen Zügel kürzer als den anderen annehmen.

Nach dem Dwell, wenn die Füße des Pferdes soweit sind, daß sie nach der ersten halben Drehung den Boden berühren werden, nimmt der Reiter auf einem Zügel Fühlung auf, und wenn die Vorderbeine den Boden berühren, gibt er ihm einen weiteren leichten Pull für eine weitere (halbe) Drehung. Wenn es weit genug herumgekommen ist, um aus seiner letzten halben Drehung hinauszuspringen, scheuchst du es, so daß es schnell hinausspringt.

Das wird auf einem Zügel gemacht; die Nr. 1 Methode und der Squaw Rein sind auf einem Zügel. Versuche nicht, die Pferde mit beiden Zügeln herumzuwerfen, sonst kommt es dazu, daß sie sich in die Hackamore lehnen oder außer Position geraten. Es ist immer ein leichter Pull und Slack, nicht härter, als es der Sensibilität seines Kopfes entspricht.

DIE BEDIENUNG DER ZÜGEL

Der Reiter kann sowohl die Nr. 1 Methode anwenden, wie auch das Squaw Reining, wenn er will, oder er kann die Nr. 1 Methode für die schnelle Arbeit und Squaw Reining für die langsame nehmen.

In jedem Fall muß der Reiter auf die Kopfposition achten, indem er sich erinnert, was zum Hochwerfen der Nase führt (siehe Anleitung für die Kopfposition).

Dies ist derselbe Vorgang wie der Set and Turn, nur daß das Pferd drei halbe Drehungen ausführt, anstatt eine halbe, um dann immer zurückzulaufen in die Richtung, aus der es kam.

Wenn die Pferde solche mit schnellem Set and Turn sind, wird kein Dwell in den Zügeln sein, nur der Slack zwischen den Pulls oder Bewegungen. Das Drehen oder Spinnen ist bei allen dasselbe.

Wenn sie drei halbe Drehungen ausführen können, kann man sie drehen, ohne daß man sie hinausspringen läßt, aber der Reiter muß darauf achten, daß er sie nicht so lange dreht, daß sie verweigern wollen.

Zu diesem Zeitpunkt sollte eine Gruppe Pferde schon recht gute Form zeigen. Man muß im Gedächtnis behalten, daß es die Art der Zügelbedienung ist, die sie immer positioniert hält.

Der Zügel wird zum Stoppen gerade zurück, auf den Bauch des Reiters zu, angenommen, und es wird niemals dauernder Zug ausgeübt, weder leichter noch starker, sonst legt sich das Pferd auf die Hackamore.

Der Reiter gibt dem Pferd bei der Arbeit eine Chance, in korrekter Haltung zu bleiben. Das Pferd in Position zu halten, gibt seiner Arbeit die Form.

Wenn das Pferd z.B. still steht und der Reiter es schnell wenden muß, würde es wohl mit den Vorderfüßen zu hoch kommen und keine schnelle, vollständige Wendung machen können, wenn der Reiter ihm als Hilfe nur einen Touch geben würde, weil seine Hinterbeine falsch positioniert wären. Wenn der Reiter ihm mehrere leichte Signale gäbe, um die Wendung einzuleiten, würde es korrekt wenden können, obwohl es keine so schnelle Wendung wäre, wie es normalerweise machen würde, wenn es dazu bereit ist; aber es würde korrekt wenden.

Würde das Pferd schnell gearbeitet, könnte man es picken und schnell wenden, denn es wäre bereit dazu (Abb. 45).

Abb. 45

Der Reiter wechselt immer die Hände an den Zügeln, nach welcher Seite er auch dreht. Werde nicht hastig, denn ein Pferd macht nur langsam und graduell Fortschritte.

Das Pferd darf nicht im Neck Reining gelenkt werden, sonst verliert es seine Form und Klasse in seiner Arbeit, indem es außer Position gerät. Das Neck Reining bleibt dem Endprodukt vorbehalten.

Kommt die Nase hoch, bringe sie mit dem Squaw Rein wieder herunter, mit beiden Zügeln in einer Hand und Slack im äußeren. Wechsele ab und zu die Hand.

In den meisten Fällen, bei denen in diesem Stadium die Nase hochkommt, liegt es daran, daß der Reiter zu stark und lange an den Zügeln zieht.

Erinnere dich daran: Double sie nicht zu oft in diesem Stadium. Je mehr sie jetzt gedoubelt werden, desto härter werden sie in der Hackamore.

Abb. 46

Wird das Pferd auf einer Seite etwas hart, tuck es mit Pulls die so deutlich sind, daß es sie fühlt (Abb. 46).

Bei einem Pferd, das in diesem Stadium hart wird und sich nicht entsprechend sensibilisieren läßt, sollte man einen breiten Riemen durchs Maul ziehen und über den Wicklungen der Hackamore festmachen. Galoppiere es entlang des Hindernisses in recht schnellem Tempo und greife hinunter an einem Zügel, um ihm einen guten, harten Pull und Slack zu geben. Dann dasselbe zur anderen Seite. Das fügt ihm keinerlei Verletzungen zu. Die Idee ist, ihm Respekt beizubringen, damit es sensibler reagiert. Manchmal kann man ein Pferd durch Furcht dazu bringen, etwas zu tun, was es sonst nicht tun würde.

Bedenke, daß die meisten Pferde sich Dinge herausnehmen, wenn man sie läßt, und kein Reiter läßt sich gern von einem Pferd an der Nase herumführen. Ein abgestumpftes Hackamore-Pferd kann nicht korrekt gearbeitet werden.

Der Reiter sollte für mehrere Tage eine Hair Hackamore benutzen, wenn das Doubling mit dem Riemen im Maul das Pferd nicht sensibler macht, bis es leichter wird. Danach sollte es wieder mit regulärer Hackamore geritten werden.

Das Pferd muß leicht reagieren, wenn es für den Reiter bei der Arbeit entsprechend funktionieren soll.

Wenn der Reiter in der Balance ist, kann er sein Pferd timen und picken und ihm dadurch die Chance geben, seine Füße immer in die richtige Position zu bringen. Beim Stoppen erwischt er es in der Luft, so daß es in einer Bewegung seine Hinterbeine unter sich schießen kann.

Viele Reiter werden in diesem Stadium zu eilig und muten ihren Pferden Arbeit zu, für die sie noch nicht fertig sind; das rächt sich dann. Das Pferd zeigt immer, wenn es bereit für schwierigere Arbeit ist.

Entsprechend ihrer Fortschritte können die Pferde immer etwas schneller gearbeitet werden.

Bei der Rinderarbeit muß das Pferd immer zu der Seite gewendet werden, auf der das Tier ist, selbst wenn es so spät wendet, daß es das Rind verliert. Das bewirkt, daß das Pferd stets auf das Rind achtet.

Wenn das Pferd zuerst zum Aussortieren in eine Gruppe Rinder geht, sollte das im freien Gelände und nicht in einem Corral sein. Draußen gibt es viele Stellen, an denen ein Tier aus der Gruppe kommen kann, im Corral gibt es nur das Tor. Im Corral müßte das Pferd schneller arbeiten, als es zu diesem Zeitpunkt kann, und es mag ihm mehr schaden, als es ihm nützt.

Nachdem ein Pferd ein Tier aussortiert hat, sollte der Reiter es für wenige Sekunden stehen und nach dem Tier, das es herausgeholt hat, schauen lassen, damit es sehen kann, was es gemacht hat.

DAS ENGERNEHMEN DER ZÜGEL

Das Engernehmen der Zügel sollte nicht eher erfolgen, als bis die Pferde gelernt haben, mit ihren Füßen in der richtigen Position zu arbeiten. Sie müssen nicht schon schnell arbeiten können, aber sie müssen an einem Zügel korrekt stoppen und drehen. Bis sie alle fertig für die Bridle sind, wird dieselbe Methode der Zügelbedienung angewandt. Der einzige Unterschied ist das Engernehmen der Zügel vom weiten Squaw Rein oder der Nr.1-Methode, bis sie nur noch im Neck Reining geritten werden können und doch die Dinge korrekt ausführen. Beide Methoden halten das Pferd in Position. Das Engernehmen der Zügel muß graduell erfolgen, damit das Pferd nicht außer Position gerät. Graduell bedeutet, über einen Zeitraum von wenigen Monaten.

Manche Pferde sprechen gleich darauf an, aber beim durchschnittlichen Pferd muß es in kleinen Schritten erfolgen.

Bei beiden Methoden der Zügelhandhabung läßt der lange Zügel das Pferd mit geradem Körper drehen, und der Touch und Slack wird am losen Zügel gegeben.

Der Reiter darf nicht den Zügel gegen den Hals des Pferdes drücken, um zu versuchen, ihm das Neck Reining beizubringen, denn das macht den Touch und Turn unmöglich und bringt seine Füße außer Position. Mit der Zeit kann das Pferd mit leichtem Touch und Slack gepickt und überall hin gelenkt werden.

Bei der Nr.1-Methode wird ein Zügel angenommen, und der andere fängt seine Nase ein und bringt sie herunter; mit den Fingern wird der Zügel angenommen und die Nase erfühlt. Das Pullen sollte mit dem kleinen Finger und dem Ringfinger geschehen. Das Bedienen des langen Zügels mit dem Pull und Slack ist selbstverständlich und dem Reiter in Fleisch und Blut übergegangen.

Beim Squaw Reining werden die Finger jeder Hand benutzt. Der kurze Zügel, der Zügel auf der Seite, zu der das Pferd wendet, ist außen am kleinen Finger der Hand.

Beim Drehen geschieht das Pullen durch den kleinen Finger und den Ringfinger bei der Bewegung der Hand.

Beide Zügel laufen zwischen Daumen und Zeigefinger durch. Die Finger jeder Hand separieren die Zügel. Der lange Zügel, zwischen Daumen und Zeigefinger, rutscht so weit durch, bis der Reiter die gewünschte Länge des Zügels hat, und der Zeigefinger reguliert den langen Zügel.

Ein Reiter kann die Pferdenase besser erfühlen, wenn er seine Finger einsetzt, und wenn das Pferd leicht reagiert - und das sollte es tun -, ist der Einsatz der Finger alles, was nötig ist.

Das wird immer auf diese Weise praktiziert, während die Zügel enger genommen werden, bis das Pferd bereit für die Doppelzügel ist.

Das Engernehmen der Zügel geschieht so, daß der weite oder lange (äußere) Zügel graduell immer mehr verkürzt wird, bis das Pferd praktisch nur noch im Neck Reining geht. Und es bleibt so in Position.

Ein gutes Arbeitspferd kann allerdings außer Position geraten, wenn die Zügel etwas enger genommen wurden. Dann muß es wieder mit weitem Zügel gearbeitet werden, um seine Kopfposition beständiger zu machen und es wieder in Position zu bringen, so daß es seine Hinterbeine in Position bringt.

Gebrauche wieder einen weiten Zügel, wenn während des Engernehmens der Zügel das Pferd schnell gearbeitet werden muß, damit es seine Füße in der richtigen Stellung hält. Mit dem weiteren Trainingsfortschritt arbeitet das Pferd immer zuverlässiger und setzt seine Füße nicht mehr so leicht falsch. Dann kann es immer schnell gearbeitet werden.

Ab und an wird ein Pferd versuchen, faul zu sein und die Dinge nur halb zu tun. Der Reiter weckt es mit einem Klaps oder zwei auf und läßt es wieder spuren; wenn sie zu arbeiten verstehen, werden sie es dann auch tun. Das Pferd muß arbeiten, wenn der Reiter dies will, nicht, wenn es dem Pferd gerade recht ist. Der Reiter muß immer der Boss bleiben.

Der Reiter darf nicht beständig höchste Aufmerksamkeit von seinem Pferd verlangen. Wenn es keinen Grund gibt, sie wach zu machen, muß man sie in Ruhe lassen.

Nachdem die Zügel so weit enger genommen wurden, daß die Pferde praktisch ganz im Neck Reining gehen, sollte der Reiter doch nach wie vor die Zügelhand wechseln, immer nach der Seite, nach der er wendet.

Galoppiere immer mal Zirkel, und verenge sie bis zum Spin, wobei man sie zum Schluß immer im Galopp hinausspringen läßt und dann zur anderen Seite zirkelt, ohne zwischendurch anzuhalten.

Der Reiter muß ab und zu den Spin mit dem Set and Turn üben und auch nur den Spin allein.

Von nun an darf kein Trainingsteil zu oft ausgeführt werden. Zum Beispiel sliden die Pferde nun umso besser, je weniger oft der Reiter sie sliden läßt.

Mit anderen Worten: Der Reiter darf beim Reiten nicht ständig an ihnen herumtrainieren. Wenn es Zeit zum Arbeiten ist, laß sie arbeiten. Danach laß sie in Ruhe.

Viele Reiter übertreiben es, nachdem sie ihre Pferde gut ausgebildet haben, einfach weil sie gut arbeiten. Zu diesem Zeitpunkt muß man es ruhig angehen lassen.

Wenn sie immer zuverlässig arbeiten, nachdem die Zügel verengt wurden, ist der Zeitpunkt gekommen, wo sie mit den Doppelzügeln geritten werden sollten. Sie müssen nicht völlig im Neck Reining gehen, um für die Doppelzügel bereit zu sein. Der Reiter arbeitet immer, indem er einen Zügel ein wenig kürzer als den anderen nimmt, bis das Pferd so weit ist, daß es ein wenig im Bit geritten werden kann (Abb. 47).

Abb. 47

Immer wenn ein Pferd eine Zeitlang nicht gearbeitet wurde, ist es für ein paar Tage oder eine Woche nicht so ganz fit in seiner Arbeit.

Ein Reiter sollte mit einem Hackamore-Pferd keine anderen Pferde treiben oder jagen, weil es dadurch unkontrollierbar und hart in der Hackamore wird. Mit soetwas kann man ein gutes Hackamore-Pferd in sehr kurzer Zeit verderben.

Die Einzelheiten zur Handhabung sensibler, weniger sensibler und hartköpfiger Pferde wurden gegeben. Hat ein Reiter ein Pferd erst einmal auf dem richtigen Weg, ist es nicht schwer, es auf diesem Weg zu halten, vorausgesetzt, der Reiter weiß, was er als nächstes zu tun hat. Möge diese Information wertvoll für ihn sein.

Niemand wird mit all dem Wissen geboren, das er für irgendein Gebiet braucht. Man muß es erlernen, und das dauert in jedem Geschäft seine Zeit. Bezüglich dieser Trainingszeit ist es wichtig, daß der Neuling zu Beginn die richtigen Grundlagen in der Behandlung junger Pferde erhält und eine Vorstellung des gesamten Aufbaus. Mit der Zeit wird er Fortschritte machen, wenn er am Ball bleibt.

Abb. 48

9

WER WAR ED CONNELL?

Ed Connell auf einer Ranch in den Grashügeln Kaliforniens

Die spanische Reitkunst kalifornischer Prägung war zu Beginn unseres Jahrhunderts bereits ein Relikt. Ihre größte Zeit wird sie irgendwann im 18. und/oder 19. Jahrhundert gehabt haben, aber zu Beginn des 20. Jahrhunderts gab es doch noch eine Anzahl von Horsemen, welche diese Kunst beherrschten.

Ed Connells Visalia-Sattel. Das Pferd trägt einen Snaffle Bit, dessen Mundstück mit einem Riemchen hochgebunden ist, das am Stirnriemen festgeknotet wurde; eine Methode, die Ed für Pferde empfahl, die gern die Zunge über das Gebiß strecken

Die wenigen Zeugen dieser Reitkunst, die uns bis in unsere Tage, d.h. bis in die zweite Hälfte des 20. Jahrhunderts, erhalten blieben, kann man an einer Hand abzählen. Zu ihnen gehört Luis Ortega, dessen Buch „California Hackamore" in die Bibliothek eines jeden gehört, der sich für die Welt des Reined Cow Horse der amerikanischen Westküste begeistert.

Luis Ortegas Schwerpunkt war aber die Herstellung der zu dieser Reitweise gehörenden Ausrüstungsgegenstände, insbesondere wurde er als großer Meister des Rohhautflechtens und des Drehens von Mecates berühmt. Seine Bosals und Rohhautzügel sowie seine Mecates sind heutzutage Investments.

Arnold „Chief" Rojas hat dem geneigten Leser durch seine Bücher „These were the Vaqueros" und „Vaqueros and Buckaroos", die aus Berichten und Anekdoten aus dem früheren Kalifornien bestehen, den besten Einblick in die damalige Welt der Dons, der Vaqueros und Amansadores gegeben, ihre Lebensart, ihre Träume und ihren Aberglauben anschaulich geschildert.

Ed Connell und Hardy Oelke, 1975

Obwohl die beiden Erstgenannten ebenfalls als Vaqueros gearbeitet und mit guten Horsemen zusammengearbeitet hatten, gelang es ihnen doch nicht, sich als Horsemen oder Trainer einen Namen zu machen. Sie hatten ihre Stärken auf anderen Gebieten, Ortega auf kunsthandwerklichem, Rojas auf erzählerischem. Rojas stellt in einigen seiner Stories die Heimlichtuerei ins Licht, mit der die Meister der Hackamore und des Spade Bits ihre Ausbildungsmethoden hüteten. Diese Geheimhaltung der Trainingsweisen mag verantwortlich dafür sein, daß weniger Wissensdurstige und weniger Beharrliche als Ed Connell nicht wirklich in die Geheimnisse der Ausbildung des kalifornischen Reined Cow Horse eindringen konnten.

Edgar Newton Connell gehörte ebenfalls zu jenen, die noch mit den kalifornischen Vaqueros der alten Schule ritten. Anders als die beiden Vorgenannten ließ er aber nicht locker, bis er selbst ein Top Reinsman der alten Schule war.

Hier erklärt Ed nicht etwa etwas zum Ziehen des Schießeisens, sondern wie man sich Taschen auf die Chaps nähen sollte

Er wurde im Jahre 1900 geboren, und zwar am 28. Juli, in Livermore in Kalifornien. Von seinen Eltern mochte er die Fähigkeit und das Bedürfnis ererbt haben, Kenntnisse zu erwerben und zu vermitteln, denn beide waren Lehrer. Ed hatte noch drei ältere Schwestern. Sein Vater wollte, daß er Anwalt oder Lehrer wurde. Er beging allerdings die Unvorsichtigkeit, Ed ein Pony zu Weihnachten zu schenken, als der noch keine zehn Jahre alt war. Von da ab ließen ihn die Pferde nicht mehr los.

Ed wuchs unter Vaqueros auf und lernte von ihnen nicht nur das Reiten, sondern auch das Kartenspielen, was ihm in der großen Depression zu überleben half. Mit 17 erlaubten ihm die Eltern, in den Schulferien auf einer Ranch zu arbeiten; allerdings kehrte er nicht zurück in die Schule. Er arbeitete von da an auf Ranches überall in Kalifornien.

Ed Connell betätigte sich auch als Rodeo-Reiter. Er ritt Bukking Horses und Bullen und auch in Ropings. Aber sein Herz gehörte dem Pferdetraining, worüber nur so schwer etwas zu erfahren war.

Hackamore mit Fiadore

„Die meisten dieser guten Reiter erklärten einem überhaupt nichts“, sagte er. „Sie gingen zum Trainieren irgendwo hinter einen Berg, wo niemand zusah. Sie wollten nicht, daß man beobachtete, was sie machten und wie sie es machten. Die besten Trainer, die ich je auf einer Ranch gesehen habe, waren unten in Newman. Die hatten nicht nur ein gutes Reined Horse, die hatten über dreißig der besten Reined Horses, die ich je gesehen habe. Aber sie konnten einem nichts erklären, oder sie wollten nicht. Einer der besten war Quill Downing, als Hackamore Reinsman, als Bridle Horse Man und als Rindermann. Wann immer ich ihn etwas fragte, antwortete er: 'Finde es selbst heraus; das mußte ich auch!'“

Aber so leicht ließ Ed sich nicht abspeisen. Er folgte heimlich und beobachtete die Burschen, wie ein Indianer auf dem Bauch kriechend. Bis er eines Tages von einem, Tom Holey, dabei entdeckt wurde.

Tom Holey muß von der Ernsthaftigkeit des jungen Ed Connell beeindruckt gewesen sein, denn von da ab nahm er ihn unter seine Fittiche und lehrte ihn. Am meisten lernte Ed Connell aber von Luis Lupe Lugo in San Jose. „Er konnte unglaubliche Dinge mit einem Pferd tun," sagte Ed. „Und wenn Quill Downing oder Jack Rose und andere Spitzenpferde ausbildeten, dann waren seine mindestens ebenso gut. Nur daß er keine Rinder brauchte, um ein Spitzenpferd zu trainieren."

Ed Connell arbeitet für viele Ranches in Kalifornien, Oregon und Nevada: Moyd, Morrows, Orestimba, Gerber, Oak Flat, Hubbards, La Canada, McCreary, McLemore, Moffat und auch für die berühmte Hurst Ranch und für die wohl berühmteste, die Miller & Lux, für die er Rough String Rider und Trainer war. In Elko, Nevada, waren es die Bing Crosby und die 71.

„Damals konnte man von Elko, Nevada, bis nach Idaho hineinreiten, ohne auch nur ein Zauntor aufmachen zu müssen", erinnerte er sich wehmütig.

Ed Connell hatte eine andere Einstellung als die Reined Horse-Meister der alten Zeit, wo höchstens der Vater seinem Sohn etwas erklärte. Wenn diese sich in Geheimniskrämerei übten, dann war Ed im Gegenteil stets gern bereit, anderen sein Wissen zu vermitteln. Er hatte nicht nur Freude daran, gute Pferde auszubilden, sondern auch ein Bedürfnis, die von ihm so schwer erarbeiteten Kenntnisse weiterzugeben. Er konnte sehen, wie die besondere Reitkunst, die im Bereich der gesamten Westküste, der sogenannten Pacific Slope, traditionell war, nach und nach auszusterben drohte. In seinem Bestreben, diese Ausbildungsmethoden der Nachwelt zu erhalten, setzte er sich 1946 hin, um in diesem Buch „Hackamore Reinsman" den kalifornischen Ausbildungsweg des Hackamore-Pferdes zu erklären.

„Wenn die alten Vaqueros wüßten, was ich tun will, würden sie mich bestimmt umbringen", hatte er damals seiner Frau gesagt.

Ed konnte keine Hackamore herstellen, und er hatte kein Talent zu schreiben, wie es z.B. Chief Rojas hatte, der faszinierend erzählen konnte. Aber er hatte das Wissen und die Fähigkeiten. Was Rojas in seinen Büchern nur streifen konnte, obwohl er sich stellenweise große Mühe gab, bezüglich der Reiterei und Ausbildung informativ zu sein, das erklärt Ed Connell im Detail.

Mit locker durchhängenden Zügeln galoppiert das Pferd in der Hackamore

Rojas sagte einmal selbst: „Viele Leute haben über das Hackamore Training geschrieben, aber Ed Connell war der einzige, der wirklich wußte, wovon er sprach."

Ed Connell ist weder amüsant zu lesen, noch scheut er sich, Dinge immer wieder zu wiederholen. Auch setzt er vieles voraus, denn er konnte damals nicht ahnen, daß er einmal von Leuten gelesen werden würde, denen die Rancharbeit, die Arbeit mit Rindern, fremd ist, die möglicherweise nicht einmal Erfahrung im Einreiten von Pferden haben.

Hackamore und Spade Bit, die klassischen kalifornischen Zäumungen

Als ich 1972 den „Hackamore Reinsman" zum ersten Mal in die Hände bekam (Günther Schleiermacher hatte ihn mir geliehen), war mein Englisch nicht nur schlecht, sondern fast nicht existent. Wort für Wort mußte ich mich hindurchackern und konnte zunächst zwangsläufig das eine oder andere nicht verstehen. Aber auch so war es eine überwältigende Sache. Es war einfach unübersehbar, daß hier jemand kein anderes Ziel verfolgte, als so gründlich wie möglich zu erklären, wie ein Hackamore-Pferd ausgebildet wird, ohne Ausschmückungen, ohne sich wichtig zu machen, ohne Drumherumreden. Soetwas war mir noch nie untergekommen.

Im „Western Horseman" waren immer Anzeigen von dem Sattelmacher Jack Carroll in Arizona, in denen auch das Buch angeboten wurde. Über Jack Carroll kam ich an die Adresse von Ed Connell und bombardierte letzteren dann brieflich mit allen möglichen Fragen. Seine Briefe ließen manchmal lange auf sich warten, denn zu der Zeit reiste Ed fast ständig durch den Westen, um Kurse zu geben. Nur wenn er einmal längere Zeit an einem Ort verweilte, kam er dazu, zu antworten. Später war es mir vergönnt, ihn auch persönlich kennenzulernen.

Ed war ein freundlicher, unaufdringlicher Mann, bescheiden und hilfsbereit. Bis zuletzt blieb er aktiv im Sattel, und es

Die Abbildung zeigt den Abstand zwischen der letzten Wicklung der Mecate und dem Unterkiefer des Pferdes (Hackamore mit Fiador)

war auf einem Kurs, den er 1977 in British Columbia, Canada, gab, als er mitten in einem Corral einer Herzattacke erlag.

Wer Ed Connell gekannt hat, der wußte ihn zu schätzen, als Mensch und als Trainer. Lee Wood, ein rauher Cowboy aus Arizona, dem Ed viel geholfen hat, spricht von ihm nur mit Hochachtung. Erst vor wenigen Wochen habe ich noch erlebt, wie mir Eds Name das Haus eines Ranchers in Kalifornien öffnete - „Was, Sie haben Ed Connell noch gekannt?“ Und schon war ich mit dem 74jährigen Rancher im Gespräch, der sich gut an Ed erinnern konnte und uns ins Haus einlud.

„Ed war trotz aller Nettigkeit keiner, der sich etwas gefallen ließ“, berichtete der Franzose George Necer einmal, der Ed gut gekannt hatte. „Einmal saß er mit ein paar Freunden in einer Bar, und ein junger Bursche, ein Teenager, machte sich über ihn lustig. Ed stand schließlich auf, als es ihm zu bunt wurde, und fragte ihn: ‘Sag’ mal, junger Freund, willst du, daß wir nach draußen gehen?’ Der Junge rutschte von seinem Barhocker und sagte: ‘Was kann ein alter Mann schon tun?’ Ed gab ihm einen Boxhieb, daß er am Boden lag und ging zurück zu seinem Sitz.“

Ed war immer hilfsbereit. In einem seiner Briefe schrieb er mir z.B., wie ich am besten meinen Corrall bauen sollte:

Eine sehr schöne Hackamore. Zu beachten ist der verdickte Nasenteil des Bosals. Die Mecate oder Hair Rope, aus der die Zügelschlaufe und der Führstrick geknotet werden, ist butterweich, wenn sie aus Mähnenhaaren hergestellt wurde. Steife, „drahtige" Mecates, wie sie viel im Handel angeboten werden, sind abzulehnen

„Du brauchst wenigstens zwei Corrals", schrieb er, „so daß du deine Pferde abwechselnd in dem einen oder anderen reiten kannst, je nach dem, wie sie es brauchen. Wenn du ziemlich viele Pferde reitest, sollte einer größer als der andere sein. Der eine könnte ein großer eckiger Corral sein, und der andere ein runder Corral, um die Pferde darin zu arbeiten. Der Round Corral sollte nicht größer als 25 Fuß im Durchmesser sein (ca. 7 1/2 m), denn wenn er größer ist, kann dich ein Pferd darin totlaufen. Pferde haben sehr viel mehr Luft als ein Mensch. 25 Fuß ist gerade richtig für mich.

Horse Corrals sollten etwa 7 Fuß hoch sein (2,10 m), dann kann ein Pferd nicht leicht hinausspringen, obwohl ich schon Pferde aus einem 6 Fuß hohen Corral habe springen sehen, und sogar mit Leichtigkeit. Tatsächlich habe ich sogar auf einem gesessen, als es das tat, und es sprang sauber darüber."

Er war auch selbstbewußt genug, zuzugeben, wenn er über etwas nicht Bescheid wußte. Seine Welt war das Reined Cow Horse der alten Schule, er gab nicht vor, mehr zu wissen oder etwas anderes zu kennen. So schrieb er mir einmal:

So wird die Hackamore am Pferdekopf justiert: hoch am Nasenbein, zum Kinn abfallend; die seitlichen Schenkel des Bosals liegen so genau in einer Grube, die der Pferdekopf aufweist. Wenn ein Zügel angenommen wird, spürt das Pferd dies sofort an seinen Backenmuskeln. Man gibt dem Bosal einen „Drop", eine Biegung zum Heel Knot oder Endknoten hin

„Du erwähnst den Side Pass und was ich dir dazu gesagt habe. Es kann sein, daß ich den Side Pass nicht genau verstehe oder wie er ausgeführt wird. Soweit ich weiß, ist es ein Teil des Dressur-Trainings, und ich weiß nichts über Dressur."

Als ich ihn wegen Schenkelhilfen fragte und wieso sie im „Hackamore Reinsman" überhaupt nicht erwähnt werden, antwortete er:

„In der Ausbildung von Reined Horses - ich meine gute, nicht was sie heute ein Reined Horse nennen - gibt es keine Schenkelhilfen, außer dem Vorwärtstreiben oder höchstens, wenn man eins seitwärts an ein Tor heranreitet. Zum Vorwärtsreiten werden beide Füße gleichzeitig eingesetzt.

Ich weiß nichts über Schenkelhilfen und hatte bis kürzlich noch nie davon gehört. Die alten Master Horsemen gebrauchten sie nicht und hatten wahrscheinlich ebenfalls nie davon gehört. Das Reined Horse stoppt, wendet und dreht nur aufgrund der Zügelsignale. Ein gutes Reined Horse kann sehr schnell gehen und dabei alle diese Dinge tun. Der Grund, weshalb keine Schenkelhilfen angewandt werden können, ist,

So kann ein neuer Bosal vorgeformt werden, damit er dem Pferdekopf besser angepaßt ist. Gute Bosals fühlen sich glatt an und sind aus möglichst schmalen Rohhautstreifen geflochten. Sie sind elastisch, d.h. sie haben keinen Metallkern, und sie lassen sich verformen. Ein Bosal, dessen Schenkel nach dem Zusammendrücken wieder in die alte Form zurückschnellen, hat wahrscheinlich einen Metallkern, z.B. ein Drahtseil, und ist abzulehnen.

daß dafür keine Zeit bleibt. Das Reined Horse kann spontan aus jeder Position arbeiten und tut dies aufgrund der Zügelhilfen."

Ed sprach nie abfällig über europäisches Dressurreiten. Es stellte halt nicht seine Welt dar, war nichts für ihn, aber er war offen genug, es als „eine hochentwickelte Horsemanship" anzusehen, die „großes Geschick" erforderte. Dasselbe machte er für die Reined Horse-Schule geltend. „Jede Art hochentwickelter Horsemanship erfordert weitreichende Kenntnisse und Fähigkeiten", sagte er.

Dick Pieper aus Marietta, Oklahoma, einer der erfolgreichsten Reining Horse Trainer, ist einer der wenigen, die sich mit dem Hackamore Training befassen. Auch er hat dieses Buch über das Hackamore Training gelesen. Er zeigt hier auf Cee Blair Sailor auf der AQHA World Show einen vorbildlichen Sliding Stop mit der Hackamore. Die Zügel sind locker, bei genauem Hinsehen kann man erkennen, daß der linke Zügel etwas mehr angenommen ist - der „Touch", wie er in diesem Buch beschrieben ist, der dem Pferd sagt, daß es als nächstes zur linken Seite einen Turn oder Roll back machen soll. Der von der Pieper Ranch gezogene Cee Blair Sailor wurde durch diesen Ritt World Champion in Junior Reining. Er hat weitere große Erfolge gehabt und wurde 1994 NRHA World Champion. Die Hackamore, die Dick hier benutzt, ist übrigens eine Ortega. Texas Kicker, der Hengst der Pieper Ranch, ist ein weiteres Pferd, das Dick Pieper in der Hackamore zum World Champion-Titel geritten hat

Als Ed Connell den „Hackamore Reinsman" zu Papier gebracht hatte, fand er zunächst keinen Verleger für sein Buch, was ihm schwer zu schaffen machte. Aber Randy Steffen, ein Texaner, der viel für den „Western Horseman" gezeichnet hatte und als Illustrator eine Berühmtheit war, fuhr den weiten Weg nach Kalifornien, um sich das Manuskript anzusehen. Er war begeistert und überzeugte Ed, ihm das Manuskript mitzugeben und ihn das Buch in Texas verlegen zu lassen. Randy Steffen ließ es sich nicht nehmen, dazu die Illustrationen zu zeichnen, bei denen Ed Connell sein Modell war. Das Buch kam schließlich 1952 heraus und wurde seitdem viele Male neu aufgelegt. 1964 folgte Ed Connells zweiter Band, „Reinsmen of the West - Bridles and Bits", in dem er die zweite Phase der kalifornischen Ausbildung schildert, den Übergang zum „Straight-up Bridle Horse", dem Pferd, das einhändig nur noch mit der Kandare geritten wird, und in dem er auch auf die verschiedenen Bits und die Zügel eingeht.

Eine andere Frage, die mich nicht loslies, war die des richtigen Zeitpunktes im Galopp für das Signal zum Stop. In diesem Buch bezeichnet er diese Galopp-Phase so: „wenn die Vorderbeine des Pferdes in der Luft sind" oder „wenn sie vom Boden weg sind." Als ich ihm berichtete, daß jemand, der auch in Kalifornien gelernt hatte und etwas über Hackamore Training publiziert hatte, dabei angab, das Signal müsse gegeben werden, wenn die Vorderbeine auf dem Boden sind, gab er mir folgende Antwort:

„Frag' ihn doch einfach für mich, wo in Kalifornien er war und von wem er das gelernt hat. Wer immer ihm das gesagt hat, wußte nicht, wovon er sprach. Kalifornien ist voll von mittelmäßigen Horsemen, von denen manche nie dazulernen werden, und andere sind völlig wertlos, wenn es um die Ausbildung von Pferden geht.

Ed Connell beim Ground Pulling eines jungen Pferdes

Ich sage das nicht, um den Herrn X schlecht zu machen, denn ich weiß, daß er nur falsch informiert ist. Der Pull für den Stop wird gegeben, wenn die Vorderfüße den Boden verlassen, d.h., auf dem Weg nach oben sind. Dann ist das Pferd in der Lage, seine Hinterbeine unter sich zu schießen. Wenn der Pull auf der Höhe der Bewegung kommt, landet das Pferd auf allen Vieren, was seinen weichen Stop verdirbt. Kommt der Pull zum Stop, wenn die Vorhand auf dem Weg nach unten ist, landet es zuerst auf der Vorhand, und dann ist es für das Pferd unmöglich, die Hinterhand unterzuschieben."

Noch ein paar Zitate, die ich in meiner Korrespondenz mit ihm gefunden habe:

„Wenn das Pferd gelernt hat, korrekt zu drehen, brauchst du keine Schenkelhilfen. Alles was du tun mußt, ist, draufzusitzen und es zu reiten, aber reite mit der Bewegung des Pferdes. Sei nicht hinter, aber auch nicht vor der Bewegung. Das bedeutet, in der Balance zu reiten, und es hilft einem Pferd enorm."

„Der Unterschied zwischen dem Reined Horse und dem Dressurreiten ist die Schnelligkeit, das schnelle Funktionieren. Einem Dressurpferd wird nie abverlangt, sich im Galopp voll zu strecken, sich dann in einem perfekt weichen Stop hinzusetzen und auf der Hinterhand zu wenden, ohne dabei eine überflüssige Bewegung zu machen. Seine Aktionen bewegen sich im mittleren Tempo und im langsamen. Es führt Bewegungen aus, für die das Reined Cow Horse nicht trainiert wird. Umgekehrt ist das Dressurpferd nicht für das trainiert, was das Reined Horse kann. Es sind zwei unterschiedliche Reitweisen, die beide wert sind, Anerkennung zu finden."

„Es ist gut, wenn man sich daran erinnert, daß die Mentalität eines Pferdes ihm nicht erlaubt, diese Dinge schnell zu erlernen. Es lernt in kleinen Schritten im Verlaufe der Zeit, und es darf nicht bei der Arbeit gedrängt werden, sonst wird es konfus, und man kann ein Pferd leicht konfus machen. Beim Pferdetraining ist der langsame Weg immer der schnellste. Laß dich von den Leuten nicht beirren, die einen immer zu schnellerem Vorgehen verleiten wollen. Sag ihnen, sie sollen in den Bach springen."

Tragisch ist, daß dieses Buch, obwohl es in so vielen Auflagen gedruckt wurde, weder Ed noch seiner Witwe einen materiellen Gewinn gebracht hat. Aus dem Grund war es extrem schwierig, Mrs. Connell zu überzeugen, die Rechte für die deutsche Übersetzung und Auflage zu verkaufen, denn sie mißtraut allen Verlegern zutiefst. Es ist eine besondere Freude, diesen alten Bestseller in deutscher Sprache und neuem, gutausgestattetem Gewand herauszubringen.

Der Leser wird feststellen, daß sich dieses Buch an den Working Cowboy und professionellen Zureiter und Trainer wendet, daß es nicht nur das Einreiten behandelt, sondern auf die Rinderarbeit abzielt. Es ist ein Handbuch für die, die ein Pferd für die Rinderarbeit brauchen. Es ist vom heutigen Horse Show-Geschehen so weit entfernt wie Schwarzbrot von Sahnetorte. Trotzdem kann es uns auch heute von Nutzen sein. Was Ed Connell schriftlich niedergelegt hat, ist authentisch, und es gibt über das Hackamore Training nichts Vergleichbares.

Der Double oder Pull, der immer wieder auftaucht, ist schwer zu beschreiben. Pull bedeutet Zug, aber es ist keine Einwirkung im Sinne eines stetigen Zuges. Es ist aber auch kein Ruck oder Anschlag, der den Pferdekopf plötzlich und hart trifft, etwa wie ein Hammer auf etwas trifft. Der harte Pull ist fast ein Ruck, setzt aber als Zug an; er wirkt darum fast ruckartig, weil er nur kurz ist, denn sofort wird wieder Slack gegeben. Ein leichter Pull ist ein sanfteres, kurzes Annehmen mit anschließendem Slack. Der beste Hinweis für einen wirklich leichten Pull, wie er einem voll trainierten Pferd entspricht, ist das Wort Touch, das Ed zum Ende des Buches öfter verwendet und das man wohl nicht erklärenbraucht. Es ist nur ein Hauch von einer Zügelhilfe.

Die Worte Zupfer oder zupfen wurden im Zusammenhang mit dem Hackamore Training viel benutzt. Sie treffen es nicht richtig und verführen nur allzu leicht zu einer unsteten Zügelhilfengebung, welche die Pferde nervös macht.

Schließlich möchte ich um Nachsicht bitten, was die Übersetzung betrifft. Der Originaltext enthält viele Begriffe, die im Deutschen keine Entsprechung haben. Und wie gesagt, Ed Connell war kein Schriftsteller, er schrieb so wie er sprach. Es erschien aber auch nicht gerechtfertigt, seinen Stil so weit zu verändern, als habe er sich in gewähltem Englisch ausgedrückt.

Januar 1994

Hardy Oelke

WENN SIE AUCH MIT SERVOLENKUNG
REITEN WOLLEN, SCHAUEN SIE
DOCH EINFACH IN DIESE
BETRIEBSANLEITUNG!
WESTERN HORSE
WESTERN HORSE
ist die große europäische Fachzeitschrift für Westernreiten und Westernpferdezucht - seit 1988 !
Werden Sie jetzt auch Mitglied im WESTERN HORSE CLUB - aus Freude am Westernreiten und an Westernpferden;
Abonnements u. Probehefte gibt es beim Kierdorf Verlag
Gut Dohrgaul
D-51688 Wipperfürth
Tel. 02267 4495
Fax 02267 4458

WESTERN HORSE BÜCHER

Western Training
Die systematische Ausbildung in der Westerndressur

Von Hardy Oelke, 3. überarbeitete Auflage, 22 x 28,5 cm, 184 Seiten mit über 300 z.T. farbigen Abbildungen, gebunden, DM 68,-

Kay Wienrich:"Dieses Buch behandelt jedes einzelne Manöver einer Reining. Es wird Schritt für Schritt erklärt, wie man ein Pferd an die schwierigen Manöver dieser Westernreitdisziplin heranführt."
Volker Laves:..“ich werde dieses Buch meinen Reitschülern empfehlen“
Roger Kupfer:..“ein Genuß, dieses Buch zu lesen, das der modernen Westernreitlehre voll gerecht wird.“

Reining -
Hohe Schule des Westernreitens

Von Bob Loomis mit Kathy Kadash, 22,5 x 28,5 cm, 222 farb. Seiten, geb. DM 78,-

Der erfolgreichste Reiner lehrt hier die Hohe Schule des Westernreitens. Bob erklärt, wie ein Pferd denkt u. wie ein Horseman denken muß, wie man gute Westernpferde züchtet u. auswählt. Mit vielen farbigen Bildern zeigt er, wie man mit früher Bodenarbeit beginnt, das Pferd anreitet und bis zum fertigen Turnierpferd ausbildet.
Kapitel über das Richten von Reinings, über Pattern-Strategie und über große Reining-Pferde folgen - ein Muß für jeden Westernreiter.

Jungpferde einreiten

Von Mike Kevil, übersetzt von Hardy Oelke
22 x 28,5 cm, 168 Seiten mit zahlreichen Abbildungen, gebunden, DM 58,-

"Ganz gleich, wofür ein junges Pferd später gebraucht wird - Pleasure, Reining, Cutting, Freizeitreiten-, es sollte eine gute Grundausbildung haben. Jedermann, ob er ein oder 100 Pferde einreiten will, wird von diesem Buch in hervorragender Weise profitieren."
Don Dodge

Western Horsemanship

Von Richard Shrake, übersetzt von Hardy Oelke
22 x 30 cm, 148 Seiten mit zahlreichen Abbildungen, gebunden, DM 68,-

Richard Shrake ist ein berühmter Ausbilder, sein Buch ist in den USA ein Riesenerfolg. Die deutsche Ausgabe zeigt Schritt für Schritt, mit hervorragenden Bildern und leicht nachvollziehbaren Texten, welche Voraussetzungen erfolgreiches Westernreiten erfordert - die sachkundige und fundierte Einweisung in das Westernreiten überhaupt.

Western Training Theorie und Praxis

Von Jack Brainard
22 x 30 cm, 144 Seiten mit zahlreichen Abbildungen, gebunden, DM 58,-

Jack Brainard ist einer der „großen alten Männer" des Westernreitens und Mitbegründer der AQHA. Er trainiert seit über 40 Jahren Pferde, ist ein anerkannter Richter und Ausbilder von bekannten jungen Reitern.
Das Buch dieses großen Trainers lehrt die Basis der Pferdeausbildung für die Westernreitweise. Es ist die Grundlage für Reining, Cutting, Trail und Freizeitreiten.

Cutting

Von Leon Harrel,
übersetzt von Hardy Oelke
22 x 30 cm, 144 Seiten mit zahlreichen Abbildungen, gebunden, DM 58,-

Cutting ist ein faszinierender Sport, der auch bei uns immer mehr Freunde gewinnt.
Der Trainer Leon Harrel bietet in Wort und Bild Ihr persönliches Cutting-Trainingsprogramm: Wie man beginnt, Ausrüstung, wie geritten wird, Richten und Bewerten, Rinder, Showen und gewinnen, Training, großartige Pferde.

WESTERN HORSE BÜCHER

Reining
Schnelle Drehungen, saubere Zirkel, lange Stops

Von Al Dunning
22 x 28,5 cm, 160 Seiten mit zahlreichen Abbildungen, gebunden, DM 58,-

Der auch in Deutschland bekannte Trainer Al Dunning zeigt in diesem Buch, wie Sie ein Reining-Pferd auswählen und die einzelnen Reining-Elemente trainieren.
Auch Freizeitreiter werden von diesem Buch profitieren, denn das Training der Reining-Figuren bewirkt auch ein gehorsames und besser lenkbares Freizeit- und Wanderreitpferd.

Prägungs-Training (Imprint Training)

Von Dr. Robert M. Miller
Großformat mit vielen Abbildungen, fester Einband, DM 58,-
erscheint im Mai 1995

Robert Millers "Imprint Training" für Fohlen hat in den USA großen Erfolg. Die Methode wird von bekannten Trainern wie Pat Parelli angewandt.
Das Original können Sie jetzt in deutscher Sprache bestellen und für Ihre Fohlen nutzen.

Legends

Von Diane C. Simmons, übersetzt von Hardy Oelke, Großformat mit vielen Abbildungen, fester Einband, DM 58,-
erscheint im Herbst 1995

Dieses Buch stellt die großen QH Foundation-Hengste vor, ein kleiner Vorgeschmack war der Artikel über WIMPY P-1 aus diesem Buch in WH 9/94.
Das Familienalbum für jeden, der mit dem „Western Horse-Bazillus" infiziert ist!

Der Appaloosa

Von Karola von Hodenberg
3. Auflage, 17 x 24 cm, 180 Seiten mit zahlreichen Abbildungen, gebunden, DM 58,-

Das faszinierende Buch über die Pferde der Nez Perce-Indianer, heute eine der größten Pferderassen der Welt.
Die Autorin beschreibt die vielseitigen Verwendungsmöglichkeiten des Appaloosas, die häufigsten Fellzeichnungen, die Wettbewerbe, die wichtigsten Blutlinien.

Das Paint Horse
Historie, Zucht, Verwendung

Von Hardy Oelke
2. erweiterte Auflage, 17 x 24 cm, 176 Seiten mit zahlreichen Abbildungen, gebunden, DM 58,-

Die Popularität von Paint Horses, den "Quarter Horses mit Chrom", hat in den letzten Jahren stark zugenommen. Das erste und einzige deutschsprachige Buch über Paint Horses zeichnet sich durch viele faszinierende Farbabbildungen und einen fesselnden Erzählstil aus. Inzwischen ist auch eine US-Ausgabe lieferbar in englischer Sprache und zum gleichen Preis wie das deutsche Buch.

Das Quarter Horse
Historie, Zucht,Verwendung

Von Hardy Oelke
2. erweiterte Auflage, 17 x 24 cm, 164 Seiten mit zahlreichen Abbildungen, gebunden, DM 58,-

Quarter Horse ist nicht gleich Quarter Horse. Je nach Blutlinie und Zuchtprogramm gibt es große Unterschiede. Hardy Oelke zeigt in seinem wunderschönen Buch die wichtigsten Blutlinien, die Geschichte dieser faszinierenden Pferde und die Entwicklung der Zucht in USA und Europa. Bis heute eines unserer bliebtesten Bücher!

WESTERN HORSE VIDEO

VIDEO Westernreiten-Grundlagen; Teil I-"So funktioniert Westernreiten"
Von Hardy Oelke, Länge ca. 40 Min., DM 128,-,
Teil I u. II zusammen DM 240,-

Faszination Westernreiten - worauf kommt es dabei an? Wie kann ein Pferd mit nur einer Hand gelenkt werden? Wie sieht der korrekte Sitz aus? Wie werden Zügel- und Schenkelhilfen korrekt gegeben? Das Video ist ein Leitfaden für Newcomer im Westernreiten. Es erklärt systematisch die Zielsetzung, Hilfengebung und den korrekten Sitz, sowie Grundlegendes zum Aufsatteln, über den Westernsattel, über Gebisse und über die häufigsten Fehler.

VIDEO Westernreiten-Grundlagen; Teil II-"Reining"
Von Hardy Oelke, Länge ca. 40 Min., DM 128,-,
Teil I u. II zus. DM 240,-

Galoppzirkel, Speed Control, Flying Changes, Stops, Roll backs, Spins - Reining ist Westernreiten pur und steht mit ihren unterschiedlichen Manövern u. Anforderungen im Mittelpunkt dieses Videos: Worauf muß man bei den einzelnen Manövern und der Gesamtausführung einer Pattern achten? Was will der Richter sehen? Welches sind die häufigsten Fehler?
Dieses Video steht Ihnen mit Rat und Tat zur Seite und hilft Ihnen, Ihre Leistung in der Reining-Prüfung entscheidend zu verbessern!